你不知道的

职场微心理

贺建华◎编著

北方联合出版传媒(集团)股份有限公司
万卷出版公司

图书在版编目（CIP）数据

你不知道的职场微心理 / 贺建华编著. -- 沈阳 ：万卷出版公司，2014.6
ISBN 978-7-5470-2654-0

Ⅰ. ①你… Ⅱ. ①贺… Ⅲ. ①职业－应用心理学－通俗读物 Ⅳ. ①C913.2-49

中国版本图书馆 CIP 数据核字（2014）第 070042 号

你不知道的职场微心理

责任编辑：姜艳波
出 版 者：北方联合出版传媒（集团）股份有限公司
万卷出版公司
地　　址：沈阳市和平区十一纬路29号
邮　　编：110003
联系电话：024-23284090　　010-57454988
经　　销：各地新华书店发行
印　　刷：北京世纪雨田印刷有限公司
版　　次：2014年6月第1版
印　　次：2014年6月第1次印刷
成品尺寸：170mm×240mm
印　　张：14.5
字　　数：220千字
书　　号：978-7-5470-2654-0
定　　价：32.00元

PREFACE / 前言

职场中，我们经常可见，许多高学历、高能力的人却无法获得好的工作或更高的职位，也不能拥有良好的人际关系。这是为什么呢？其实，最大的问题就在于——他们无法猜透对方的心思，也无法更了解自己的心理。

很多微小的心理体验对职场发展有着至关重要的影响。了解这些心理活动，摸清这些心理现象，对个人职业发展极其重要。

在职场中，为什么有些人精心准备，却面试失败？为什么你满腹才华，进入工作单位却很久无人问津？

为什么领导上任会先烧“三把火”？为什么一向和颜悦色的领导突然冲你大发雷霆？

为什么你突然开始频繁迟到？为什么你总是在接到最后通牒才去完成任务？为什么想到星期一要上班你就更加郁闷？

为什么有些人在办公室里如同众星捧月，而另一些人却被无意识地孤立起来？

为什么你想让老板给你加薪却不敢说？为什么你升职了，反倒更加不快乐？

……

这些纷繁复杂的职场现象让你习以为常，却困惑无比。其实，这都是我们身边的一些心理学法则的体现。这些心理学法则像是一只只无形的手，在冥冥中指挥着我们行为的方向，或者促使我们取得成功，或者让我们碰触暗礁，一败涂地。

如果了解“对比效应”，你就会知道为什么旁边那个人拿到了你心仪的单位的“聘用通知”；如果了解“责任分散效应”，你就会知道你为什么在一个群体性的任务中表现得懒懒散散；如果了解“多看效应”，你就会知道那个其貌不扬却频频出现的人为什么获得领导的青睐；如果明白“热炉法则”，你就会知道同事为什么会因为一个小小的技术失误而被炒了“鱿鱼”。

……

有很多微小的心理效应能左右你的职场表现，掌握了这些职场心理学，我们就能探知领导的、同事的想法，我们就能够用它们来解释自己的行为，能够事半功倍地完成工作，成为上司的得力干将，让自己的事业蒸蒸日上；能够成为令人敬重的领导，带领一个高效运转的团队；能够避免决策的失误，成为市场的领先者，赢得更多的利润；能够在人际交往中如鱼得水，聚集更多的人脉关系……如果想获知更多的职场心理学的秘密法则，就请阅读本书吧。

这是一本专为职场中的员工以及管理阶层量身定制的既经济又实用的心理学读本。它分为求职面试心理学、与上司相处的心理学、员工上班心理学、员工任职心理学、管人用人心理学、办公室交际心理学、职场晋升心理学以及趣味职场心理学八章，涵盖了职场中的方方面面。本书的特点是，文字通俗易懂，内容短小精悍，同时配有专业的心理测试题和有趣的漫画插图，让人既掌握知识，又愉悦心灵。

编者的宗旨是希望每一个职场人都能掌握并运用书中的心理学知识，愉快地度过每一天，并创造完美的职场人生。

CONTENTS / 目 录

第2章 遭遇地位比你高的人

第3章 上班那点儿心思

第4章 不奋斗不成功

第5章 领导那些微手段

第6章 小心被孤立

第7章 人人都想证明自己
——职场晋升心理学 / 179

第8章 职场其实没有秘密
——趣味职场心理学 / 197

就是要脱颖而出
——求职面试心理学
第1章

“性格在左，职业在右”=难成功

| 心理学关键词：职业性格 社会期许效应 |

职业是一个人安身立命之本、实现自我之途，选择了一种职业，就意味着选择了一种生活方式，选择了一种人生状态。人在进入职场之前所受的所有教育，说到底就是为从事一种职业做准备的；而一个人即使因退休而离开了职场，他的身上也依然留存着终生都抹不掉的职业印记。可见，职业一事的确不可小觑。

某高校机械专业的学生高强毕业后，找到了一家企业，做技术支持的工作。几年过去了，虽然他全身心投入、兢兢业业，可业绩却非常一般，而同时进公司的其他同事却得到了提升。在朋友的建议下，他做了一次性格测试。测试结果分析告诉他，他比较擅长与人打交道，更适合做类似销售或经纪人的工作。随后，他跳槽到一家机械公司作商务代表，将他的专业和特长相结合，最大地发挥了他的优势，不久他就得到了提升。

类似这样的经历在很多人的身上都发生过。究其原因，是在求职之初陷入了社会心理学所谓的“社会期许效应”，即社会普遍认同什么样的工作好就去找什么样的工作，根本不考虑自己的职业性格是否与工作相适合。

职业性格，也叫职业人格，它并非是指一个人的智力商数、专业水平、工作经验等显性的职业能力，而是先天性地、内在地、稳定地影响甚至决定着一个人的岗位匹配和职业环境适应性、工作业绩和职业成就的那些心理动力组织，是达成工作绩效的一系列无法改变或者说至少是难以培育的非智力决定的因素。职业性格自动自发地决定着一个人的职业成就的高低、职业发展的成败。

如果自己的性格和职业需要的性格相反，那么工作时就会遇到很大的心理冲突，工作上成功的概率也会较小。例如，缄默的人往往乐群性比较低，喜欢对事不对人，如果让他去做销售工作，应付销售工作中人与人之间复杂的情绪交流，那么，他在工作的过程中就不可避免地会有很多心理冲突。所以，就业前认识自己的职业性格就显得异常重要。另外，认识自己的职业性格有利于反省自己，提高自己的修养，使得自己获得更适合的职位，推动自己的人脉建设。

心理测试：你适合从事什么职业

如果有机会让你到以下六个岛屿旅游，不用考虑费用等问题，你最想去的是哪个？

A岛：美丽浪漫的岛屿。岛上弥漫着浓厚的艺术文化气息。同时，当地的原住民还保留了传统的舞蹈、音乐与绘画。

B岛：深思冥想的岛屿。岛上人迹较少，建筑物多僻处一隅。岛上有多处天文馆、科博馆以及科学图书馆等。岛上居民喜好沉思、追求真知。

C岛：现代、商业化的岛屿。岛上建筑十分现代化，是进步的都市形态，以完善的户政管理、地政管理、金融管理见长。岛民个性冷静保守，处事有条不紊，善于组织规划。

D岛：自然原始的岛屿。岛上保留有热带的原始植物，自然生态保持得很好，也有相当规模的动物园、植物园、水族馆。岛上居民以手工见长，自己种植花果蔬菜、修缮房屋、打造器物、制作工具。

答案解析：

选择A岛：你属于艺术型人群，适合的职业是作家、艺术家、音乐家、诗人、漫画家、演员、戏剧导演、作曲家、乐队指挥和室内装潢人员。

选择B岛：你属于研究型人群，适合的职业是实验室工作人员、生物学家、化学家、社会学家、工程设计师、物理学家和程序设计员。

选择C岛：你属于事务型人群，适合的职业是会计师、银行出纳、簿记、行政助理、秘书、档案文书、税务专家和计算机操作员。

选择D岛:你属于实用型人群，适合的职业是制造业、渔业、野外生活管理业、技术贸易业、机械业、农业、技术、林业、特种工程师和军事工作。

按照喜欢程度选择，第一个是主要兴趣，第二、三个是辅助兴趣。这个测试不仅体现了你的首选倾向，还帮你挖掘更深层的职业倾向。

最初的路，你选对了吗

| 心理学关键词：定位效应 |

日常生活中有一些人，他们认定了的事情是不会轻易改变的，甚至九头牛都拉不回来。人们通常认为这些人非常固执。这些人为什么会有这样的行为表现呢？心理学上将此称为“定位效应”。

“定位效应”最早源于美国密执安大学的教授卡尔·韦克做的一个实验：把6只蜜蜂和6只苍蝇放进同一个玻璃瓶中，然后将玻璃瓶子平放，让瓶子底朝窗户。蜜蜂不停地想在瓶底上找到出口，一直到它们力竭而死；而苍蝇在两分钟之内，穿过另一端的瓶颈逃逸一空。事实上，正是由于蜜蜂对光亮的喜爱，才使它们死亡的。蜜蜂认为，囚室的出口必然在光线最明亮的地方，它们不停地重复着这种看似合乎逻辑的行为。

后来，韦克教授在人的身上，重新做了一个类似的实验：在召集会议时，他先让人们自由选择位子，之后让大家到室外休息片刻再进入室内入座，如此五六次，他发现大多数人都选择了他们第一次坐过的位子。

最后，韦克教授得出一个结论：人们像蜜蜂一样，凡是自己认定的，大都不想轻易改变它，这便是“定位效应”。

“定位效应”的存在影响着生活中的每一个人。对于个人来说，他最初对自己的定位是至关重要而且影响重大的，因为它将会决定和左右着今后的思维定势。习惯的力量有时并不在于害怕风险，而是一种思维定势和一种契约关系的形成，这种契约关系可能是人与人之间的，也可能是人与座位之间的。就好像一个胖子坐在一个小凳子上，而一个瘦子坐在一个大椅子上，两个人坐在那里都不大舒服，但很少会看到他们主动交换位置。

“定位效应”对求职者的职业生涯的影响是无形的，也是巨大的。所以，有条件的求职者可以进行职业咨询，请专家指点迷津，选择最适合自己的职业发展道路。另外，求职者也可以认真审视自己的定位，以个人兴趣、自身条件等因素来衡量和确定职业定位。

腿伸不开，
真难受
爬上来，
可真不容易
①

……
……
……
②

我要坐大的
……
③

胖猫 真不要脸，
居然还要坐那么
小的座位
④

对视……
⑤

我还是坐着……
估计胖子
不肯换……
⑥

你知道用人单位喜欢什么样的人吗

|心理学关键词：用人心理|

在职场中，求职者对用人单位有一个心理期许，作为用人单位的甲方对应聘者也有一个心理期许，希望找到符合需求的人才，以满足和推动企业自身的发展。

据心理专家从心理角度分析，目前职场中的甲方在招聘人才时大致有以下几种心理。

◆ 求“专”心理

“专”指的是专业对口，这是职场甲方录用人才的首要标准，尤其是一些工科、经济、法律等专业性很强的单位。所以，求职者应首先找专业对口的单位，这样可以大大提高求职成功率。

◆ 求“全”心理

“全”，指的是一专多能、多专多能，这也是职场甲方聘用人才的重要心理，“全”既能解决目前的职位职责，也能起到储备人才的作用，以备不时之需。求职者的简历中标明自己的计算机能力、外语能力和其他自己擅长的领域，是这种职场甲方心理需求的反映，此外，目前社会上风行的考证热，实际上也是这种心理需求的反映。

◆ 求“通”心理

各相关专业皆通，并且在某一领域内，对其他国家情况也很精通的人才，在职场更受欢迎。如IT专业知识不错，外语又是六级以上水平；熟知本国法律，对发达国家的相关法律也熟悉等复合型通才，是目前职场上最炙手可热的人才。

◆ 求“优”、求“诚”心理

这是大多职场甲方，尤其是国家机关、事业单位所具有的用人心理。求职者又红又专，既是专业能手，又是党员、学生会干部，为人诚恳，对人对事能坦诚相待，这种人才会受到众多职场甲方的欢迎。

面试
①

办公室
②

1+1=?
③

大胖猫思考一番，
突发奇想
④

1+1你想它等于几，
加以努力，
就等于几。
⑤

你被录
用了！！！
⑥

新衣服、新发型对找新工作没好处

｜心理学关键词：理想自我｜

收到了一个单位的面试通知，这个单位是你万分心仪的，这个机会是你期待已久的。兴奋之余，急忙准备简历和面试必备物品。拉开衣柜，发现里面的衣服不是带有卡通图案就是牛仔休闲系列。于是急忙奔向商场，重金购得庄重的职业套装，顺便改换发型……

每一位求职者都希望在面试的时候留给主考官一个好印象，从而增加录取的可能性。然而，有时候这些改变不仅不能提高你的面试成功率，反而会给你的面试带来负面影响。

有一位姓黄的同学，她在面试前把直发改为卷发，换了一个造型，陪伴的朋友也称赞她的新形象。可是，对于这个形象她一时还不能适应，面试时，总会不由自主地用手摸头发，感觉它就像一个鸟巢，结果这种糟糕的心理状态让她与心仪的单位失之交臂了。

其实，衣服不仅是自己的脸面，更是人心理上自我形象的一部分。一般情况下，人喜欢穿着的衣服反映了他理想的自我、一种向往的生活状态。比如那些喜欢把蜡笔小新穿在身上的成年人，可能内心希望自己是个淘气而不用负责的孩子；那些哈韩哈日的年轻人，可能是向往街头嘻哈青年们散漫的生活方式。

英国心理学家宾尼博士的研究结果证明，称心的衣着可以松弛人的神经，给人以自信和舒适的感受。当你穿的衣服反映了理想自我，人会更有尊严感和自豪感，心理更平衡和稳定，在行为处事上也就更为自信。相反，那些为了某些目的而穿着的衣服，往往会影响你的心理状况，增添焦虑、拘束，让你发挥失常。

求职者在参加招聘会的前一天不适宜尝试新发型，如果要改变新的发型，女性需要一个月以上，男性也需要一周以上的适应期去接受自己发型的改变。另外，也不适宜穿新衣服和新鞋子，起码要有穿3次以上的经历才适宜在面试的时候穿。因为如果是第一次穿新衣服和鞋子，则有可能要面对衣服的宽窄和鞋子是否挤脚等因素。

小瘦猫准备去应聘。。
①

SHOPPing
②

办公室
③

你看起来
好激动耶！！
我应该激动吗？？
④

那就是说
我被录用了？
当然！
⑤

不！
你被淘汰了！
⑥

没信心，那你还是别找工作了

| 心理学关键词：杜根定律 |

求职面试是人生的转折阶段，这标明你即将进入社会生活中，这也是一个非常重要的阶段，因为它决定着你职场生活的幸福指数。但是，在一年数次的招聘会上，总有一些人在招聘现场不是立即抓住机会面谈，而是持观望态度，不知不觉中，他人就占得先机。还有一些人，已经接到了面试通知，甚至都走到应聘单位的门口了，却找各种借口打退堂鼓。

美国职业橄榄球联会前主席杜根曾提出："强者不一定是胜利者，但胜利迟早都属于有信心的人。"后来，人们将他的观点归纳为"杜根定律"，即信心是决定成败的关键，只要能够拥有自信，便能够最终获得成功。美国运动员班尼斯特的经历可以说是"杜根定律"的真实演绎。

数千年来，人们一直认为要在4分钟内跑完一英里（约1.61公里）是件不可能的事。不过，在1954年5月6日，班尼斯特打破了这个世界纪录。他为什么能做到呢？每天早晨起床后，班尼斯特就大声对自己说："我一定能在4分钟内跑完一英里！我一定能实现我的梦想！我一定能成功！"这样大喊数遍后就在教练库里顿博士的指导下开始了一天中艰苦的体能训练。终于，他用3分56秒6的成绩实现了自己在4分钟内跑完一英里的梦想。

道理大家都明白，那么如何在求职面试过程中拥有自信心呢？

充分挖掘自己的优势所在——面试者可以自制一份自己的优点检查表，这样你会发现自己其实比想象中有着更多的优点。

了解用人单位的需求——求职面试前，如果能够了解用人单位的职位信息、岗位职责、工作内容，就会对面试胸有成竹，充满自信。面对招聘人员的面试问题，回答起来也会游刃有余。

自信在求职面试过程中非常重要，但是，自信是来源于内心的真实力量，不是夸大自我的能力，不是摆出一副不可一世的傲气，不是没有边际的提要求……如果这样，自信就变成了自负，而"自负"在面试过程中非常忌讳。所以，求职面试者一定要把握好尺度。

心理测试：从整理衣橱测你的自信心

又到换季的时候了，你决定把衣橱整理整理。整理了半天，你发现你衣橱中什么式样的衣服最多呢？

A. 最新流行服饰　　B. 颜色鲜艳或是样式夸张华丽的服饰

C. 宽大的衬衫或T恤　　D. 单色、款式简单的服饰

答案解析：

选A——你是那种外表自信，可是内在却很心虚的那种人。你非常害怕别人会看出你内在信心的不足，所以在不知不觉中，会随着社会所认同的价值而随波逐流，但是往往又不能完全理解其中的道理。

选B——虽然你看起来有旺盛的表现欲，可是事实却不然，这样的包装，只是你用来掩饰内心不安的武器。其实你是有点神经质的人，一点事就可能有过当的反应出现，所以在外表上，你必须装得毫不在乎，这样才能让你有安全感！

选C——表面上看起来，你好像是一个很好说话的人，其实最固执的人就是你了。一旦发起牛脾气来，任谁也拗不过你。害羞、冷漠是你用来掩饰害怕和人群接触的自然反应！

选D——你是一个有自信的人，虽然你不会咄咄逼人，可是只要你坚持一个想法，无论别人如何去唆使、引诱，你都不为所动。

给自己制一张“心理名片”

| 心理学关键词：名片效应 |

名片，是一种自我介绍的小卡片，上面写着本人的姓名、头衔和通讯地址。在今天的社会里，名片广泛用于人际交往中，它的目的在于让对方了解和认识自己，更好地融洽双方的关系。而这里所说的名片却是一种“心理名片”。这是为了让听众容易接纳自己的观点，就先向他们介绍一些能够接受的并且与他们有共同点的观点。这种“心理名片”所起的作用，在心理学上被称为“名片效应”。

美国总统里根曾使用过“名片效应”。在竞选过程中，有一次向一群意大利血统的美国人讲话时，他说：“每当我想到意大利人的家庭时，我总是想起温暖的厨房，以及更为温暖的爱。有一家人住在一套稍嫌狭小的公寓房间里，但已决定迁到乡下一座大房子里去。一位朋友问这家一个12岁的儿子托尼：‘喜欢你的新居吗？’孩子回答说：‘我们喜欢。我有了自己的房间，我的兄弟也有了他自己的房间，我的姐妹们都有了自己的房间，只是可怜的妈妈，她还是和爸爸住一个房间’。”这个笑话拉近了他与选民的心理距离，有效地推销了自己的形象。这就是一种名片效应。

有位刚大学毕业的青年应聘了几家单位，都被拒之门外，他感到十分沮丧。最后，他又抱着一线希望到一家公司应聘，在去之前，他先打听了一下该公司老总的历史，结果发现这个老总也有过与自己相似的经历。这个发现让他如获至宝。应聘过程中，他适时地与老总谈起自己的求职经历，以及自己的感受。果然，这一席话博得了老总的同情和关注，再加上他本身出色的表现，最终他被录用为业务经理。他用心理名片为自己在这家公司谋得了一席之位。

恰当地使用“心理名片”，可以尽快促成人际关系的建立，但要使“心理名片”起到应有的作用，要善于捕捉对方的信息，把握真实的态度，寻找积极的、对方可以接受的观点，制作一张有效的“心理名片”。

失败
失败
失败
失败
失败
失败
失败
①

②

大胖猫面试
屡败屡战
③

面试
通知书
④

俺也有过和你
一样的遭遇
⑤

你
被录用了！！
⑥

心理换位，模拟面试

| 心理学关键词：心理换位 |

面试是一种面对面的交流方式，可以直接考察应聘者各方面的能力，所以用人单位普遍会采用这种方法。如能心理换位，去思考招聘者的想法必然中的。

◆ 请你做一下自我介绍，好吗

某专家为应聘饲料企业售后服务岗位的应聘者设计了一个答案：非常乐意向贵公司介绍我自己。我的基本情况，求职简历上已写明，这里我就不再重复了。我要强调的是，我性格豪爽，善于交友；语言表达能力较强，乐于沟通。这些特点会使我在售后服务工作中与客户有良好的沟通，生活上能广泛结交朋友，这对巩固老客户、发展新客户都有利。因此我认为我的性格最适合做公司的售后服务工作。

分析一下，就会发现上述回答有三个优点：一、言简意赅，意思表达到位；二、重点突出，整个答案围绕着沟通、交友展开；三、中心明确，即以工作需要为中心，适应面试官的需求心理。

◆ 你的薪酬期望是多少

面试官的这个问题，其实包含着两方面的含义：一方面，确实想了解应聘者的薪酬期望与应聘公司能提供的酬金之间的对比关系，另一方面，面试考官期望从侧面了解一下应聘者的自信心。

◆ 除本单位外，你还应聘过其他单位吗

对此问题，如果应聘者回答“没有”，那么，在当今双向选择的条件下，似乎令人难以置信。因此，不妨这样回答：应聘过，但根据我的专业及性格特点，我认为在所有应聘岗位中，现在我所应聘的工作岗位，最能发挥我的专业和个人特长。

◆ 你对琐碎的工作是喜欢还是讨厌，为什么

这是一个两难问题。如果说“喜欢”，似乎不合人情；如果说“讨厌”，但几乎每份工作都有琐碎之处，面试官也会不乐意。大致可以这样回答：琐碎的事情在绝大多数工作岗位上都是不可避免的，如果我的工作中有琐碎的事情需要做，我会认真、耐心、细致地把它做好。

经理，你好！我来面试！
①

好，你来介绍下自己！
介绍自己？
②

心理换位一下，他想得到什么信息呢？
③

说吧！
好的，我的基本信息简历上都写清楚了，相信您也看了。
④

我要强调的是，我个人性格开朗，交际能力很好，我想对这工作很适合。
⑤

嗯！不错，你被录用了！
啊！谢谢！
⑥

别让人比下来，想办法比上去

｜心理学关键词：对比效应｜

人们在认识某一个事物时，如果把与它相关的事物列举出来，进行参照对比，就更能显示它们各自的特点，这就是心理学上的“对比效应”，也称作“感觉对比”。

“对比效应”在生活中比比皆是。买东西时，不会看到想要的东西马上就买，通常会多次比较，最终选择物美价廉的那一家。相貌平平的一个女子，站在“西施”面前黯然失色，如果正好“东施”走了过来，对比之下，她就立即光彩照人了。

之所以会形成“对比效应”，是由于相似或相反的两种事物，在大脑皮层中产生相互诱导作用，在对比中加深了印象；而单独出现在大脑皮层中的事物，缺乏对比的诱导作用，显得平淡而不易记忆。

在求职面试中，如果你善用“对比效应”，就会让你从众多面试者中脱颖而出。小姜大学毕业后到一家做技术的公司面试，前去面试的人很多，甚至有一些还是业内的精英。第一轮面试完毕后，小姜和其他应届毕业生站在公司门外等候消息。过了一会，招聘经理来到他们面前说，经过对比，公司还是决定聘用一位有经验的人才，你们都不太合适，为了表示歉意，公司决定送给每人一本纪念册做留念。大家都很沮丧，很多毕业生随意地用一只手接过招聘人员双手递过来的纪念册。只有小姜双手握住纪念册，恭敬地说了一声：“谢谢您！”招聘经理眼前一亮，微笑着拍了拍他的肩膀，询问他叫什么名字。第二天，小姜接到了招聘经理的电话，让他下周就去上班。后来他得知，正是他和其他毕业生不同的恭敬表现给招聘经理留下了很好的印象，最终破格录用了他这个初出茅庐的毕业生。

在物理学上，事物有了参照物才能确定正确的坐标。求职面试中也是这样。去一家单位面试的人肯定不止一位，每一个面试者都可能成为其他人的参照物，招聘人员有了参照物才能够真正认识你的价值，所以，如果你在面试中能很恰当地表现自己，让其他人成为你的参照物，那你自然会吸引招聘人员的眼球，促使他将橄榄枝伸向你。

面试
①

休息室
等待……
②

经过对比，公司还是决定
聘用一位有经验的人才，
为了表示歉意，公司决定
送给每人一本纪念册
做留念。
③

……
给您…
④

谢谢您！！
给您…
⑤

小瘦猫，你被录取了
⑥

仅仅临阵磨枪是远远不够的

｜心理学关键词：马太效应｜

在社会生活中，有一些很普遍的现象，如社会总是给予名人更多的荣誉和嘉奖，而对于那些尚未出名的人才，即使他有了惊人的成果，也很难被社会承认，甚至遭到非议和质疑。在求职的过程中，有些人已经有了单位的聘用书，可是他还会接到更多单位的聘用书，而有些且不说聘用书，他可能连一次面试的机会都很难有。这种非常普遍的社会现象被称之为“马太效应”。

“马太效应”源于《圣经·新约》“马太福音”一章中的一则哲理故事：

一个国王远行前，交给三个仆人每人一笔钱财，吩咐他们：“你们去做生意，等我回来时，再来见我。”过了一段时间，国王回来了。第一个仆人说：“主人，你交给我的这笔钱财，我已赚了它的10倍了。”于是国王奖励了他10座城邑。第二个仆人报告说：“主人，你给我的这笔钱财，我已赚了它的5倍了。”于是国王便奖励了他5座城邑。第三个仆人报告说：“主人，你给我的这笔钱财，我一直存着，因为怕丢失就一直没有拿出来。”国王听后，立即将第三个仆人的那笔钱财赏给了第一个仆人。这则故事的结尾写道：“凡有的，还要加给他，叫他有余；没有的，连他所有的也要夺过来。”

“马太效应”出现的原因有很多方面。就求职面试而言，他与求职者所学专业及个人能力有着很大的关系。

不可否认，每个人所学的专业有热门和冷门之分，热门专业就业范围相对较广，职位设置肯定会多一些，学热门专业的人相应获得工作的机率也就比较高。专业冷热之分虽然在择业过程中起着一定作用，但是，既然设定了专业就一定会有相对应的就业岗位，所以，择业中起着更重要作用的是个人素质。

因此，要想求职成功，仅仅临阵磨枪是远远不够的，日常学习生活中的点点滴滴都会为你求职面试时获得正面或负面“马太效应”埋下伏笔。

①
我就要出去旅游了
你们要履行职责，
多为公司创造利润哦
甲
乙
旅游

②
奖励你5万！
我为公司创造了
500万的利润！
500万

③
我为公司创造了300万，
老板奖励了我3万哦！！！
300万

④
"我要为你请客啊！"
我工作很认真，
创造了10万元
10万

⑤
当然，请你吃炒鱿
真的吗？
???

⑥

微不足道的行为影响面试结果

｜心理学关键词：蝴蝶效应｜

“蝴蝶效应”是由美国麻省理工学院的气象学家洛伦兹提出的。1963年，洛伦兹为了提高天气预报的准确性，就用电脑求解仿真地球大气的13个方程式。一天，他把一个方程式中的中间解0.506取出，精确到0.506127后再放回原方程式。结果却让他非常惊奇，原来精确后的数值所得出的最终值，竟然与之前的数值发生了巨大的偏差。随后，洛伦兹经过研究得出了结论：误差会以指数形式增长，因此一个微小的误差随着不断推移造成了巨大的后果。同理，在事物的发展过程中，如果初始条件发生了细微的变化，也将会引起结果的极大差异。后来，洛伦兹在一次重要的讲演中以蝴蝶为喻做了总结：一只蝴蝶在巴西扇动翅膀，有可能会在美国的德克萨斯引起一场龙卷风。其中的缘由是，蝴蝶扇动翅膀会引起微弱气流的产生，而这种气流又会引起空气系统发生相应的变化，从而引起像涟漪一样的连锁反应，最终导致其他地方的天气系统发生巨大的变化。由于他精彩的演讲给人们留下了深刻的印象，从此，“蝴蝶效应”一说声名远播。

“蝴蝶效应”强调的是细节的意义，正因为细节无处不在，所以，“蝴蝶效应”也常常发生着作用。在面试中，一位应聘者因为一个小小的细节而与一份好工作失之交臂也是常有的。

小孙因原来单位没有提供足够的升职空间，所以决定跳槽。在参加招聘会的那天早上，匆忙间碰翻了水杯，将放在桌上的简历浸湿了。但他没有备用的简历，只好将简历简单地擦拭了一下，就塞进背包。在招聘现场，小孙看中了深圳一家房地产公司的广告策划主管岗位，当他投递简历时发现简历上不光有一大片水渍，而且因为被放在包里揉搓，再加上钥匙等东西的划拉，已经不成样子了。他努力将它弄平整后，硬着头皮递了过去。在简单交谈过程中，招聘人员对他印象不错，所以他得以参加三天后的面试。面试过程中，小孙表现非常活跃。无论是现场操作，还是为虚拟的产品做口头推介，他都完成得不错。面试结束后，一位负责人对他说：“你是今天面试者中最出色的一个。”然而，一周过去了，小孙没有得到任何回复。他忍不住给那家公司打电话询问。负责人说：“其实我对你是很满意的，但是老总看了你的简历后说，一个连简历都保管不好的人，是不会管理好一个部门的。”

美国心理学之父威廉·詹姆士有一句名言——播下一个行为，你将收获一种习惯；播下一种习惯，你将收获一种性格；播下一种性格，你将收获一种命运。

面试中，你的任何一个看似微不足道的行为，都与你的命运有着千丝万缕的联系。是正用还是反用，全在你一念之间。

心理测试：第一天上班你会带什么？

从第一日上班必定要带的物件，可以看到你的事业心和工作态度。假如今天是你第一天上班，请你想想，下边哪一样你一定要随身携带？

A. 纸巾/毛巾　　B. 化妆品

C. 笔记簿/电子秘书（快译通）

D. 工作证/身份证　　E. 针线包

答案解析：

选A——你这个人没有野心，属于默默耕耘不问升职只求加薪的类型。你的工作态度非常好，只要肯钻研一定会得到上司的赏识。

选B——你好出风头，即使集体努力的成果你都会争功。需要注意的是，千万不要为了达到目的而不择手段，要想在事业上有所成就，良好的人缘是必要条件。

选C——你的事业心非常强，达不到目标你不会轻言放弃。因为你的自尊心强，而且对自己要求高，所以会造成沉重的心理压力。

选D——你的优点就是爱钻研，而且懂得人情世故。处事圆滑的你，经常扮演和事佬的角色，帮助调解公司内大大小小的争执。

选E——头脑精明的你，做什么都可以很快进入角色，所以能得到老板的重视。你的野心很大，相信已经有一个全盘计划，打算逐步向高层攀升。

新人职员工巧用“阿伦森效应”

| 心理学关键词：阿伦森效应 |

著名的心理学家阿伦森曾经做过这样一组实验：他将被试者分为四个小组，分别对他们给予不同的评价，借以观察被试者对他人评价的反应：对第一组的评价始终否定，对第二组的评价始终肯定，对第三组的评价先褒后贬，对第四组的评价则先贬后褒。

实验表明，第一组被试者对评价的反应为不满意；第二组的表现为满意；第三组对“先褒后贬”的评价极为不满；第四组对“先贬后褒”的评价最为满意。结果表明，人们喜欢奖励和赞扬不断增加，而不喜欢不断减少。

心理学家发现，在对别人进行肯定或否定、奖励或惩罚时，并不是一味地实行肯定和奖励最能获得他人的好感，也不是一味地施行否定和惩罚最能给人恶感。事实是，先否定后肯定，能给人最大的好感，先肯定后否定则给人感觉最为不好。这种先否定后肯定，先抑后扬给人最好感觉的心理规律称为“阿伦森效应”，也称作“增减效应”。

人们为什么喜欢夸赞和奖励逐次增加，而对那些正面的激励逐次减少感到反感呢？主要原因是，从倍加褒奖到小的赞赏乃至不再赞扬，这种递减会导致一定的挫折心理。一次小的挫折每个人都能够平静地接受，然而，随着褒奖逐次递减，甚至变为责罚，这种挫败感就会陡然增加，以至于不能被大多数人接受。

新人入职后，可借用“阿伦森效应”让自己逐渐展露才华。如果刚进公司时表现一般，甚至让人怀疑，是否招错了人——哪个哪个学校毕业的他，哪个哪个跨国公司出来的他，难道是这种水平？面对这种议论不要紧张，你要继续努力，一段时间后，开始给人们小的意外，再逐渐给人大的惊喜。此时大家就会说了，这个人看来真是个人才。以前不熟悉公司，不熟悉行业，现在上手了，就显示出能力来了。领导其实也更开心，感觉自己调教出了一个有用之才。如果刚入职就表现很好，那和领导没关系，领导感觉到的是威胁更多，而不是自豪更多。其实，在这个“阿伦森效应”的递增过程中，你既展示了自己的才华，又实现了自己的梦想。值得注意的是，一定要把握好度，否则，一旦有一次表现不当就会造成他人对自己印象向不良方向转化，这个现象也是“阿伦森效应”的反向结果。

工作一般，
是不是我招错人了啊？
怎么这么平庸啊？

你去给我捉
三只老鼠！！
额。。
好！

看你出不出来。。
77777777777

领导，
我抓了5只耶！
不错，看来
你确实是个
人才哦！！

领导，英文我会哦！
ABCDEFGHIJK
....

我招的岂止是人才，
简直就是奇才啊。

以“蘑菇心理”安度“蘑菇期”

| 心理学关键词：蘑菇定律 |

“蘑菇心理”源于“蘑菇定律”。20世纪70年代，国外的一批年轻电脑程序员总结出了一个“蘑菇定律”，即长在阴暗角落的蘑菇因为得不到阳光又没有肥料，常面临着自生自灭的状况，只有长到足够高、足够壮的时候，才被人们关注，可事实上，此时它们已经能够独自接受阳光雨露了。

后来心理学家将其纳入心理学范畴，总结为：任何人，在成长过程中，都注定会经历不同的苦难、荆棘。被苦难、荆棘击倒的人，就必须忍受生活的平庸；战胜苦难、荆棘的人，则能突出重围，拥抱卓越。

每一个初入职场的人，都会有一段“蘑菇”经历。这段“蘑菇”经历对职场新人来说，就像蚕茧，是羽化前必须经历的一步。要想安度“蘑菇期”，你要做到以下几点：

学会谦虚谨慎。这关系到你留给领导、同事的第一印象，关系到你日后良好的人际关系。

多做事，少说话。在工作场合，领导更喜欢那些埋头干活，且能把牢骚、不满变成切实可行的建议的人。

能分清轻重缓急，工作有计划。初入职场，所做的工作难免会杂乱一些，所以，最好有些统筹的想法，将工作按照轻重缓急做好安排，这样自己做起来也有条理，而且容易见效率。

工作要饱含热情。“蘑菇期”的磨砺肯定会损耗工作热情，所以，要时常提醒自己，热爱自己的工作，把工作做好，这样更容易长成高大的“蘑菇”。

做事不避“小”。刚进职场的年轻人，往往会做些琐碎的工作。但是一定要认真对待。如果连小事都做得潦草，领导怎么还敢把大事交给你呢？

处处留心皆学问。在“蘑菇期”，如果努力做好手中的工作，那你可能会保住现有的职位，但如果你再留心周围同事的工作以及与所处行业、领域相关的知识，那你就汲取了丰厚的养分，你的“蘑菇期”就会缩短。

我是一只无人
注意的小猫。。
①

业绩超额
完成
②

我是一只小蘑菇
③

升职喽~~~~~
④

我是一颗
小蘑菇哎。。
⑤

你已经长成
参天大树了！
⑥

深入角色，并且爱上他

｜心理学关键词：角色认同效应｜

1972年，心理学家津巴多曾经设计了一个模拟监狱的实验。参加实验的都是男性志愿者。志愿者一部分被心理学家指派为“看守”，一部分则充当“犯人”。为了使实验显得更逼真，给“看守”发了制服和哨子，并训练他们推行一套“监狱”法则，而充当“犯人”的志愿者则穿上囚衣，被关在牢房内。

实验结果表明，仅仅花了一天的时间，他们就完全进入了角色。“看守”们变得十分粗鲁，甚至想出各种坏主意来对付“犯人”，而“犯人”们要么变得无动于衷，要么开始了积极的反抗。用津巴多的话来说就是：“多数人的确变成了‘犯人’和‘看守’，不再能区分角色扮演和真实的自我之间的差别。”

这个颇受争议的实验表明，人们在扮演角色的过程中，常常会获得自我认同，很难从扮演的角色中清楚自己的真实身份。这就是“角色认同效应”。

其实，在日常生活中，每个人都会受到这种“角色认同效应”的影响，也就是说，时间越长，就越会认同自己所充当的角色。例如，如果充当的是“知识分子”的角色，久而久之就会变得“文质彬彬”，如果你是“教师”，随着时间的延长，你就会按照“为人师表”的原则来要求自己。

对于“角色认同效应”，人们在日常生活中可以加以有效的利用。例如，在幼儿园里，老师让孩子扮演医生、教师、警察、父母等各种角色，这样就会帮助孩子尽快了解各种社会角色的特征。

在职场上，如果你刚入职，或者刚刚调到一个新的工作岗位上，其实，你就开始了一个新角色的扮演，如果能够深深地进入自己的“角色”，你就会变得更加敬业，也就能够做出更大的成就而成为“职场达人”。

心理测试：你的理想职场角色是什么？

1. 你在什么状态下工作效率最高？

A. 独自一人的完全封闭状态　　B. 一个人但不完全封闭的空间

C. 只有几个人的相对独立空间　　D. 人很多的开放环境

2. 你对工作餐的基本要求是？

A. 最不能少的是肉类　　B. 最不能少的是蔬菜

C. 最不能少的是水果　　D. 最不能少的是饮料

3. 你经常以何种方式给工作搭档打电话？

A. 打对方办公室电话　　B. 打对方手机

C. 打对方家庭电话　　D. 不确定

4. 你在公司的着装风格一般是？

A. 标准职业装　　B. 职业上装，下装相对随意

C. 职业下装，上装相对随意　　D. 能穿便服绝不穿职业装

5. 外出会见客户，你最常选择的交通工具是？

A. 地铁　　B. 公交车　　C. 出租车　　D. 自驾

测试标准：

本测试共5道题，4个答案，A、B、C、D哪种选项最多，哪一项即为测试结果。

答案解析：

选A——理想职场角色：稳定的中坚派。这类职场角色具有追求完美，办事细致认真，严于律己，心思缜密，条理性强的特点，他们的坚持和毅力是周围人的好榜样。

选B——理想职场角色：灵活的应变派。这类职场角色懂得寻找机会，善于灵活处理公关问题和人事关系，选对正确起点的作用有时甚至超过个人付出。但他们也绝不忽略专业素质的培养，通常是跨领域的复合型人才。

选C——理想职场角色：果断的决策派。这类人工作事业运特强，认真、努力，对自己的人生自有一套生涯规划。

选D——理想职场角色：个性化实力派。这类人永远不要求自己成为完人，但在某个特殊领域拥有别人无法企及的眼光和能力，是“天才型”人物。

第2章 遭遇地位比你高的人

——与上司相处的心理学

“新官上任三把火”的心理原因

| 心理学关键词：首因效应 |

《三国演义》中，诸葛亮当了刘备的军师，在短短时期内，连续三次用火对付曹操。第一次火烧博望坡，使夏侯统领的10万曹兵所剩无几，第二次在新野，火攻、水淹使曹仁、曹洪的10万人马几乎全部覆没。第三次火烧赤壁，百万曹军惨败。当时，人们把这三把火称为“诸葛亮上任三把火”。传到后来便成为人们常说的“新官上任三把火”了。也就是说，公共部门的领导者上任之初，都会抓紧时机做几件于部门或于下属等有益的事情，从而给别人留下良好印象。

新官上任之所以要烧三把火，这是基于心理学上的“首因效应”。

首因效应，也叫首次效应、优先效应或“第一印象”效应。它是指当人们第一次与某物或某人相接触时会留下深刻印象。这种印象作用很强，持续的时间也长，比以后得到的信息对于事物整个印象产生的作用都要强。实验心理学研究表明，外界信息输入大脑时的顺序，在决定认知效果的作用上是不容忽视的。最先输入的信息作用最大，最后输入的信息也起较大作用。大脑处理信息的这种特点是形成首因效应的内在原因。

所以，如果你是新任领导，在第一次露面时，一定要注意个人形象，即注意自身的体态、姿势、谈吐、衣着打扮等。因为心理学研究发现，与一个人初次会面，45秒钟内首因效应就会起作用。在生活节奏如同飞快奔驰的列车的现代社会，很少有人会愿意花更多的时间去了解、证实一个留给他不美好印象的原因。其次，一定要注意烧好上任之初的“三把火”，以树立自己的威信。这种威信决定着日后的管理工作是否顺利。但是，这种“先入为主”的印象也并不是一劳永逸的，还需要领导者不断的强化。

办公室
俺升职咯！！

你在干什么啊？
我在放火啊。。

放火？？？

对啊，
不是新官上任三把火嘛
。。嘻嘻~~

啊呀呀。。。
你的胡子着了啊！！

呜呜呜。。。。。。

挑剔的领导，是一座很好的“学校”

| 心理学关键词：挑剔心理 |

在职场中，任何一名员工都希望自己有一个宽厚的，比较好说话的领导。但是，这样的领导对员工来说就一定好吗？

美国有一本畅销书，名字叫做《好女孩上天堂，坏女孩走四方》。书中教导女孩子不要为了满足他人的需求做个时时听话的乖女孩，而是要根据自己的想法活得率性和精彩。其实领导也是一样，没有主见、充满人情味的“好领导”对于员工来说，未必是一件好事。一个“挑剔”的领导可能更有助于你事业的成功。

领导爱挑剔，不断地将自己苛刻挑剔的管理要求传达给下属，下属才会细心谨慎地把事情做好，公司才能不断进步。如果领导太容易满足，下属就很难严格要求自己，对工作也很难精益求精。对员工挑剔的领导，其实是对工作结果挑剔，那么，他的生意应该不错。在商业竞争环境当中，客户是很挑剔的，只有更挑剔的企业领导，才能始终让客户满意，或者生意成功。领导成功了，下属的薪水、职位才有保障。最后，金无足赤，人无完人，任是谁都有考虑不周、计划不密的地方，能让领导挑出毛病来，就说明你的工作还做得不到位，或者没有领会工作的本质含义。领导挑剔下属，其实也是给下属进步的机会。如果领导对下属失望了，可能连“挑”的心思都没有了。所以，作为下属，要在心里明确，领导挑剔是为了所有人好。下属需要做的就是找出应对之道。

“挑剔”的领导对下属来说，是一座很好的“学校”。因为在挑剔中，下属会将工作做得越来越好，自身的能力也在不断地提高。所以，无论被批评与否，你都要把工作做到最好，这是面对领导“挑剔”的最根本办法。当然，最重要的是要保持平和的心态。领导总是希望尽善尽美、精益求精，随着你的不断提升，领导的挑剔可能减少，但不会一点没有，所以，面对这种“挑剔”一定要保持平和的心态，有则改之，无则加勉。

①
桌子上怎么
这么乱啊？
我立刻整理。。

②
头发怎么也
不梳理啊？
哦哦。
我立刻梳理。

③
脸怎么也不洗？
额。。。
我洗过了！！

④
洗脸了怎么
还有个黑点啊？

⑤
总经理，
你也太挑剔了吧，
我脸上不是黑点，
是一颗痣！！

⑥
......

领导眼神流溢出的秘密

| 心理学关键词：了解一个人最好的途径是眼睛 |

德国著名心理学家梅赛因说：眼睛是了解一个人最好的工具。此言不虚。医学研究发现：眼睛是大脑在眼眶里的延伸，眼球底部有三级神经元，就像大脑皮质细胞一样，具有分析综合能力。所以，眼睛在人的五种感觉器官中是最敏锐的，占感觉领域的70%以上。而瞳孔的变化、眼珠转动的速度和方向等活动，又直接受脑神经的支配，再加上眼皮的张合，眼与头部动作的配合等一系列动作，人的感情就自然而然地从眼睛中反映出来，而且它所流露出的信息比语言更为真实。因为嘴巴可以说谎，但眼睛不会。

所以，想要了解一个人，一定要注意观察他眼部的动作。要想了解你的领导，那千万别忘了注意他的眼神。

领导说话时，眼睛不看着你，这是个坏迹象，他想用不重视来惩罚你，说明他不想评价你；领导从上到下看了你一眼，则表明他的优势和支配欲，这意味着自负；领导久久不眨眼地盯着你看，表明他想知道更多情况；领导友好地、坦率地看着你，甚至偶尔眨眨眼睛，则表明他同情你，对你评价比较高或他想鼓励你，甚至准备请求你原谅他的过错；领导用锐利的眼光目不转睛地盯着你，则表明他在显示自己的权力和优势；领导只偶尔看你，并且当他的目光与你相遇后即马上躲避，这种情形连续发生几次，表明面对你，这位领导缺乏自信心。

当然，这些都是一般情形，并不排除例外。作为下属的你还要根据具体情况具体分析。而且你需要注意的是：成熟的、有教养的人会善于控制自己的情感，不轻易让它从眼睛里流露出来。

其实，除了眼神，领导的其他行为举止也会流露出一定的心理秘密。

领导向室内凝视着，不时微微点头：这是非常糟糕的信号，它表示领导要下属完全服从他，不管下属们说什么、想什么，他一概不理会。领导的双手合掌，从上往下压，身体起平衡作用：这表示领导此时的心态比较和缓、平静。双手叉腰，肘弯向外撑：这是好命令的人的传统肢体语言，往往是在碰到具体的权力问题时所做的姿势。

心理测试：你有一个什么样的领导？

你的老板平时听你谈话时最喜欢做什么动作呢？

A.手不时抚摸着头发或是耳朵　B.双手交握　C.手托着下巴　D.玩弄笔或其他物品

答案解析：

选A——你的老板是个神经质很重的人，一点办公室的风吹草动，就会让他或她紧张大半天。因为大小事都放不开，容易耿耿于怀，所以身为下属，如果曾给他或她留下坏印象，就像打上烙印，想要翻身就请花时间关心老板的情绪，情况才能有所改善。

选B——你的老板是非常认真的女人或男人。他或她在工作上，会就事论事，最讨厌只会耍嘴皮子的人，所以，拍马屁反而会弄巧成拙。你最需要的是展现你的实力和与客户周旋的能耐，这才会让老板欣赏你。

选C——你的老板其实很好搞定，因为他或她属于随和派，不会老是计较小节，大节才是重视的焦点，所以和这样的老板应对时，态度不必过于严肃，但是他或她是以聪明取人，如果你常露出反应慢的模样，会让他或她觉得你不是大将之才，被认定不够聪明，要得到提拔几乎是不可能的。

选D——你的老板是个自视甚高的人，凡事都有自我见解，而且主见甚强，所以身为属下的你，最好别对他或她顶嘴，或是当场争执，否则下场会很惨的。你要切记无论如何都要留给老板面子，你的才华可以透过书面或是私下场合进行，未来才会有好日子过。

忠诚心理比聪明才智更重要

｜心理学关键词：忠诚心理｜

目前，一项覆盖全球的调查显示，公司中获得升迁机会的往往并不是工作能力最出色的员工，而是平时看上去属于“冷门”的选手。这让很多人都非常惊讶而且困惑。

据心理专家分析，职场中的“热门选手”大都是业绩优异的员工，但在老板眼里，有一种东西比工作能力更重要——工作态度。美国心理专家罗伯茨·希姆指出：在聪明和忠诚面前，老板的选择永远是后者。

忠诚是一种传统的美德，更是做人的基本道德素质之一。在市场经济大潮中，市场经济竞争的战场虽无硝烟弥漫，但却异常炽热，在这场没有刀光剑影却旷日持久的战役中，忠诚最能考验一个人，也最能成就一个人。

王鹏是一家网络公司的技术总监。他一直做得很好，但是由于公司改变发展方向，他觉得这家公司不再适合自己，所以决定换一份工作。

经过仔细斟酌后，他来到一家大型企业去应聘技术总监。对王鹏进行面试的是该企业的人力资源部主管和负责技术方面工作的副总裁。面试很顺利，因为王鹏的专业能力让他们无可挑剔，但是，在面试结束的前一刻，他们提了一个问题，即希望王鹏能透漏出他在前一家公司中开发的软件的信息以及前一家公司的情况，这让王鹏很为难。后来，他说：“你们问我的这个问题很令我失望，看来市场竞争的确需要一些非正当的手段。不过，我也要令你们失望了。对不起，我有义务忠诚于我的公司，即使我已经离开。”王鹏说完就走了。

王鹏的朋友都替他惋惜，因为能到这家企业工作是很多人的梦想。但王鹏并没有因此而觉得可惜，他觉得很坦然。可是，没过几天，王鹏收到了一封来自这家企业的信。信上写着：“你被录用了，不仅仅因为你的专业能力，还因为你的忠诚。”

其实，每一家公司在录用人才的时候，都很看重一个人是否忠诚。因为他们相信，如果一个人可以对原来的公司忠诚，那么他也可以对自己的公司忠诚。

因此，在职场中，如果你忠诚地对待你的领导，他也会真诚对待你。不管你的能力如何，只要你真正表现出对公司足够的忠诚，你就能赢得领导的信赖。

办公室
面试中.....
①

你各方面的能力
我都很满意.....
②

但是你要透漏
前公司的商业机密。
对不起，
这个我做不到
③

......好为你可惜啊
与这家大公司失之交臂。
④

HI..小瘦猪吗?
你被录用为技
术总监了。。
⑤

办公室
⑥

别碰触老板的心理底线

| 心理学关键词：心理底线 |

心理底线，是一个人内心里不能被别人触碰的范围。在职场中，老板的心理底线是一根神经，神秘而敏感，它往往能决定员工的去留与职业生涯的生死。

老板的心理底线会因性格、体制以及公司发展阶段的不同而不同。但是，下属自作主张、替老板做主却是在动所有老板的心理底线，即使你是为了公司的利益着想。

一家杂志社给某作家做了一期专访，杂志出版后，这个作家收到了一本，他想多要几本送给朋友，便打电话给杂志社主编。主编不在，杂志社里一个小编辑接了电话。“麻烦你转告一下主编，我希望多要几本这期杂志。”“这个啊，没问题！您直接派人过来拿就成。”小编辑爽快地说。

作家正打算驱车去拿杂志时，就接到主编的电话：“对不起！刚才我不在，杂志收到了吧？我刚才派人给你多送了几本过去。”停了一下，主编又说：“可是，对不起，我想知道是哪位编辑说您可以立刻过来拿。”作家很奇怪，问道：“有问题吗？”“当然没问题，您要十本都可以，我只是想知道，是谁自作主张。”

事情的结果可想而知，那位自作主张的小编辑免不了受到上司的责备，他在主编心目中的印象也已大打折扣了。

就此案例来看，既然是作家点名找上司，作为下属就该转告，而不是替他做主。

也许你会想，他这也是为杂志社好。客观来说，下属在工作上自作主张带来的后果，往往都不会是十分严重也并非全都是消极的方面。因为不会有员工笨到不知轻重的地步，敢于擅自替上司做出关乎单位整体利益的主张，除非他是个没有自知之明的人。然而，这种自作主张的越权所带来的对职场上的等级及人际关系常态的冲击，却是非常明显的。

在公开或正式场合，一般的上司都讨厌下级抢镜头、抢次序。尤其是一些上级平时与下级距离过近，界限不分明，随随便便，甚至称兄道弟，把下级惯坏了，下级心目中的“上级意识”淡薄了，遇到正规场合，就可能伤害上级的尊严。

聪明的老板都不会告诉下属自己的心理底线，而且老板的心理底线也没有一个固定的标准，全靠下属在工作中审时度势地适度把握。这看起来很难，但是作为一个职业人，拥有良好的职业道德、职业素养，努力工作，低调处世，以此作为自己的行为底线，一般就不会触碰老板的心理底线。

心理测试：你在老板心目中的形象是什么样的？

你和朋友在餐馆吃饭，正在觥筹交错间一个路边的乞童走到你的餐桌旁向你伸手要钱，你的第一反应是？

A．质问门卫他是怎么进来的？

B．直接给他一些钱打发走人。

C．询问他为何乞计，必要时报警。

答案解析：

选A——你的工作表现已经到让老板忍无可忍的程度了。这类型的人心里要有准备，老板很可能在很短的时间叫你离职，因为老板心中虽然有期待，可是这类型的人永远都只能做到20分、10分，目前属于留校察看的阶段，如果不好好奋发向上的话，可能就是下一个被裁员的对象。

选B——工作认真但个性迷糊的你，让老板又好气又好笑。这类型的人在工作上非常认真努力，本分之内都会做得非常好，可是在生活上、个性上会比较迷糊，在老板眼中看起来像是个永远长不大的大孩子。

选C——你表现得像猴子般灵巧聪明，老板对你疼爱有加。这类型的人不仅在专业上非常认真，而且在待人处世以及人际关系上都做得非常好，在老板心中的地位越来越重要。

解密“黑色情绪”，营造和谐关系

| 心理学关键词：愤怒、焦虑、沮丧 |

领导身为公司的领头羊，他们面临的压力和挑战不是一般人所能想象的，因此，当他们面临重大压力的时候，会自觉不自觉地将自己的情绪发泄到下属身上。这就是让职场下属们胆战心惊的“黑色情绪”。

面对领导的“黑色情绪”，你有两种结果。一种是被领导的“黑色情绪”影响，接着会怀疑自己的工作能力。还有一种是，懂得解读、分析领导的“黑色情绪”并拥有自我缓解的艺术。

◆ 解密“愤怒”

在心理学上，“愤怒”常常是内心力量的体现。领导一般都是力量型的人，这样才能独当一面，所以，他们一般也都比较强势，而且不容置疑。当他们面对空前的压力或遭遇挫折时，可能会以一种比较极端的方式表现出来，即迁怒于他人。领导不能对着客户发火，也不能到大街上去发火，公司是他掌控下的安全地带，所以他最有可能选择这个安全地带来发泄情绪。

◆ 解密“焦虑”

在心理学上，“焦虑”情绪往往是自信心不足的体现。因为自信心不足，所以会担心出现自己控制不了的局面。陷入焦虑的领导往往性格比较软弱，自信心不足，焦虑是他在面对巨大压力时的一种应激反应。当领导焦虑的时候，说明他遇到了巨大的压力，这个时候作为下属的你要支持他，而不要受他的影响也陷入焦虑之中，在最后结果之前，不要轻言放弃。其实很多时候人们焦虑的东西永远都不会来，焦虑不等于就一定会有不好的事情发生。

◆ 解密“沮丧”

在心理学上，“沮丧”是人在面临压力时的一种自我保护机制，往往在遭遇不愉快的生活变化时产生，它的表现是消极悲观。“沮丧”与“焦虑”不同，它不是一个人性格的一种长期或稳定的反映，只是在面临一些特殊压力的情况下才会产生。领导也是人，也会有脆弱的时候，当他遭遇一些不愉快的事情，也会产生沮丧的情绪。当他在这种情绪中沉湎太久的时候，不妨在适当时机了解一下原因，帮助他走出这种不良情绪。

你以后就别回家了！
看看现在几点了。
①

瘦瘦，你怎么搞的，
这么点事都办不好。
②

你们工作效率怎么这么
低！
③

技术总监骂我，
招气撒你身上！
④

啊！这耗子大胆了，
敢咬我。
⑤

现在你们都去给我抓
老鼠吧！
⑥

你有“老板恐惧症”吗

| 心理学关键词：权威恐惧 |

小黄在一家私企工作，私下里，朋友们都知道他是一个很优秀的人，但在公司干了两年多依然没有机会显露他的才能，之所以这样，是因为他在领导面前非常胆怯，不管是部门主管，还是行政经理，他几乎都很少交流，更不用提和老总说话了。一次偶然的机会，小黄开会去晚了，整个会议室就剩下老总旁边的位置。看着满场同事的等待，小黄硬着头皮坐到那个位置。整个会议过程中，小黄精神紧张得一动也不敢动。直到会后散场，他才长出一口气，觉得疲惫极了。他的一个研究心理学的朋友说他得的是“老板恐惧症”。

“老板恐惧症”，顾名思义，即因对老板心怀恐惧而逐渐形成的一种心理疾病，也称“惧上心理”，是一种普遍的职场心理现象。患了“老板恐惧症”的人会焦虑不安、工作效率低下、和老板的关系紧张。长期下去，工作就会变成沉重的负担。情况严重的话，人就会产生想要逃避工作、逃避老板的想法。如果不能很好地调节，就会做出装病请假或者辞职等退缩行为。有调查显示，职场白领中有80%的人都有“惧上心理”，其中有一小部分已经发展成为了一种严重的社交障碍。

“老板恐惧症”是一种情绪障碍，它给职场一族带来了无穷无尽的烦恼。面对这种情绪障碍，可以从下面几个方面尝试克服。

◆ 主动接近领导

让自己足够的放松，然后主动在领导面前说话，坐在领导身边，并与领导打招呼，看看会发生什么事情(肯定不会有任何事情发生，因为所谓的恐惧是自己内心的假想)，勇敢地迈出第一步后，与领导相处的经验就会得到内心的强化，下次再面对领导时会有更多的信心。

◆ 不要怕“碰钉子”

出于偶然因素，如你向老板询问一些问题，老板回答你的语气很生硬等而产生惧怕老板心理的人，首先从自己的角度开脱，可能是自己问的方式不对，要增进沟通技能；另外，也要心胸开阔，存着包容别人的心理，也许只是老板当时的心情不好，他并不是专门针对你的等等。在和老板沟通时，不要怕“碰钉子”，从心理上提高自己的挫折承受能力，勇敢地做一个“厚脸皮”的人。

◆ **增强自信心**

自信很重要，包括对自己的学识、才华和能力的自信，对领导信任的自信。有了自信心，就不会在领导面前张皇失措了。

◆ **客观看待与领导的关系**

即不要把自己放在领导的对立面，而要想到你和所有的同事包括领导都是为了完成一个共同的目标走到一起来的，你实际上是在帮助领导完成目标，把自己放在一个既是从属又是主人的位置上，就不会产生对领导的惧怕心理了。

心理测试：你有“老板恐惧症”吗？

阅读以下问题并作出回答。

1.我不希望在非工作场合碰到老板。

2.我不习惯老板和我谈工作之外的事情。

3.和老板单独在一起，我感到浑身不自在。

4.有老板在的场合，我不知道如何表达。

5.我尽量不去老板所在的地方。

6.工作中有疑问，我尽量不去问领导，而是去问同事。

7.对于上司提出的私事，我一般不会拒绝。

以上问题中，回答：是（3分）；不一定（2分）；不是（1分）。然后把所有问题的分数相加。

答案解析：

7~9分：你能和老板和谐相处，从容交流，适应良好。

10~15分：你有轻微的权威恐惧，应当注意心理调节。

16~21分：红色警告，你有严重的权威恐惧，当及时进行心理辅导。

第3章

上班那点儿心思

——员工上班心理学

频繁跳槽到底为什么

| 心理学关键词：自我价值实现欲望 |

跳槽，是职场中一种很普遍的社会现象，有的人一份工作做不到一个合同期，有的甚至不到一两个月就开始跳槽，而且是越跳越想跳，总是安定不下来。有的人甚至在求职之初就认定了自己要找的工作是：一要发展，二要高薪水，三要可以随时跳槽！跳槽者认为“人往高处跳，水往低处流”，跳槽无可厚非。

其实，从心理学的角度来看，这种频繁跳槽的原因主要是求职者有着过分强烈的自我价值实现欲望。关于跳槽，美国职业规划师乔治·威尔斯有一句比较经典的话：“跳槽既不可怕，也不是值得羡慕的事，关键是每一‘跳’都有所值，是对自己职业和发展目标的重新定位，能让你靠近可令自己活得最好的那种方式。”

人生目标是职业规划的靶心，实现人生目标是跳槽的根本目的。每个人都有自己的人生目标，但并不是每个人都真正地知道自己需要什么。心理学研究表明，在我们自己的内心深处存在着一个并不为我们自己了解的自我。我们的内心如同漂浮在大海上的冰山，露出水平面的部分是我们所了解的自己，只占全部自我中很少的一部分，包括自己的基本知识、技能和行为等；在水平面以下，还存在着大量我们自己并不知道的自我，如个人社会角色、自我追求、期待、动机等等。在对自己、对自己的人生目标存在这么多未知的情况下，跳槽就成为一件难以评估、难以把握的事情。

曾经有位做销售的武先生，他在三年的时间里前后跳槽了六次。每次他都认为是为自己的将来找到了一个新起点。可是当他前几个月偶尔碰到以前公司的同事时，他才知道，尽管这位当年和他一起进公司的同事，在能力和教育背景等各方面都不如他，但现在已经是公司的总经理了。武先生后悔不迭：如果当时他不是那么急于跳槽，挡不住高薪的诱惑，那么今天这个位置就该是他的，大好的机会也不会被自己白白“跳过了”。

由此可见，跳槽并非总会使自己“更上一层楼”。所以，如果你也是这“跳蚤一族”里的成员，在产生跳槽的念头时，最好先闭目静坐30分钟，考虑一下自己内心深处真正的人生目标，这才是一种理性的表现、明智的举措。

心理测试：从煎鸡蛋测试你的跳槽原因

现在要煎一个鸡蛋，你会选择下面哪一项？

A.将蛋打散再煎　　B.两面都煎熟

C.乱煎一通　　D.太阳蛋（一边煎熟，一边半熟）

答案解析：

选A——虽然你做事也很实在，但是由于你太过情绪化，造成业绩有起有落，很难维持在同一标准上，一旦你决定要离开公司，不管有没有失业的危机，或是有没有人挖墙脚，你的心态就是“只要我想走，谁也留不住”，新的公司对你而言就意味着成功。

选B——做事踏实、稳当是你的优点，凡事你都会按部就班去做，而不想走一些捷径，这些也反映在你跳槽的指数上，你并不会主动的想要离开现在服务的企业，除非发生重大事件，或公司一直对你存在不满，不然你属于老死公司的那种类型，跳槽指数很低。

选C——你是一个八卦回收站，每次一听到关于公司的一些非议或者是负面新闻，你就会紧张兮兮，琢磨着是不是需要跳槽。

选D——你对公司的气氛和环境看的尤为重要，对你而言只要是外表光鲜亮丽的公司，不管什么工作，只要让你觉得在那里上班很有面子，就会冲动得想跳槽去那里上班，所以想挖你墙脚的，不妨让你看看公司的规模，再耍些嘴皮子，马上就可水到渠成。门面不大的公司，就别想了。

“后排心态”说明了什么问题

| 心理学关键词：退让、逃避心理 |

在职场中，开会是非常常见的活动，在这种常见的活动中有一种常见的现象：大家一进入会议室，就争抢后面的座位，以至于前两排的座位无人问津。开会时场面凌乱，领导要扯着嗓子或借助扩音器，才能保证后面的人能听清他的发言。其实，不管开会，还是列队作操，甚至照相，除非有人指定座位，一般人都很“自觉”地往后靠，坐（站）在后面一排，这就是职场中的一种“后排心态”。

从表面上看，“后排心态”是一种低位意识，自己坐后排而把前排让给他人，是谦虚的表现，似乎体现了中国人“谦虚”的美德，但是，如果更深层次地剖析这种心态，不难发现，“争坐后排”实际上是一种退让，一种逃避。因为坐在后排座位不会被人注意，在心理上会感觉轻松一些。开会坐到后面，如果轮流发言，也是等别人讲过了才轮到自己。这时自己可以随声附和，以免说错话。照相站到后排，以免被别人说自己“抢镜头”。执行任务让别人挑头，胜则有自己的一份功劳，败则不担负主要责任。所以，“后排心态”的实质是消极逃避，不敢“冒尖”，这种心态会让一个人渐渐变得平庸。

对于下级的这种“后排心态”，领导也要从多方面去考虑。首先，这种心态在普通人中非常普遍，它往往和领导本身没有直接关系，也不反映领导群众关系的好坏。其次，“后排心态”也是会议价值高低的一种反映。如果会议没有价值，员工乐得坐在后排开小差以消磨时间。再次，从企业的角度去考虑，如果员工素质不高，知识老化，无法适应形势发展的需要，势必底气不足，那样别说“前排”，坐在后排都会惊慌不安！

面对这种“后排心态”，企业领导可以建立相应的激励机制，促使员工主动学习，形成追求上进的氛围。企业推动员工素质提高，员工也会逐渐增强信心，从而促进企业的发展。

开会啦
①

快跑，抢后排
②

嗯???
③

前排
前排让给组
长们坐
④

总监，你讲
话时的口水
会淹死人的
⑤

⑥

总觉得工作时间过得慢是什么原因

| 心理学关键词：时间的错觉 |

小冯是某公司的软件技术员，在这家公司做很长时间了，刚开始上班的时候，干劲很足，但是，几年过去了，他渐渐地觉得工作中时间过得特别慢，快到下班的时候就会不停地看表，恨不得自己把表针转两圈。他说："工作中，时间就像竹竿那么长，没完没了的。"

是工作的时间变长了，还是他的时间变少了？

相对论的创始者爱因斯坦在晚年的时候与一群年轻的学生聚会。聚会的每一个人都知道爱因斯坦是相对论的创始者，这群年轻人就请爱因斯坦解释一下什么是相对论。相对论是个复杂的问题，并不是一句两句就能说得清的，并且也很难用语言表述出来，但是爱因斯坦只是用了一个简单的比喻就把相对论简单而恰当地概括出来了。他说："当你和一个美丽的姑娘坐上两个小时，你会觉得只坐了一分钟。如果你坐在炽热的火炉旁，哪怕只有一分钟，你会感觉好像是坐了两个小时。这就是所谓的相对论。"

不管是人们感觉时间过得快还是慢，时间都是客观的。时间知觉是客观存在的，时间在人头脑中的反映，是不以人的意志为转移的，客观的物理时间并不会因为人的主观感知而变快变慢。但是人的心理是复杂的，由于所处环境不同或者受情绪的影响，对时间的感知也就会不同，就会出现有的时候觉得光阴如流水、有的时候光阴难熬这样的感受，这些感受都不是对时间的正确感知，而只是一种对时间的错觉。

和美丽的姑娘在一起聊天觉得时间过得特别快，坐在炽热的火炉旁觉得时间过得特别慢。生活中，和朋友聚会觉得时光飞逝，工作中时间就显得很长。这都是对时间的错觉。之所以会产生时间的错觉，是因为受到了心理的影响。当人们情绪愉悦时，就会把自己的身心都投入到当前的事情当中，由于关注当前的事情，而忘记了其他的事情，更不会去关注时间了。不知不觉中，时间就过去了。可是，当我们情绪不佳，或者工作内容单调，我们就会厌倦进行的活动，希望早点结束，所以，时间就变得很难熬了。

由此看来，活跃自己的情绪，调整工作的内容，就会让时间走得快起来。

时间过得好慢哦
①

不啊，我觉得时间不够用
②

哈哈！那当然了
③

你是不是觉得
时间过得很慢
④

哦，你的表好漂亮啊
⑤

总监，你的表是停的耶
⑥

“怀才不遇”背后的心理秘密

| 心理学关键词：强迫性重复 |

在职场中，一个人只有天时、地利、人和诸因素都具备的时候，才能淋漓尽致地发挥才能。但这种机会少之又少，所以，这个世界上多了很多感叹“怀才不遇”的人。

所有感叹“怀才不遇”的人，都果真“怀才不遇”吗？

在现代企业中，的确有一些人，明明为公司做出了卓越的贡献，却总是与提升的机会失之交臂，扮演着被领导遗忘的角色。这是真“怀才不遇”的人。这种人得不到重用可能有客观因素，例如可能遇到体制的限制，或时机不佳，还有的人遇到权力欲和控制欲都很强的上司，把员工的工作成绩据为己有，等等。面对这些客观因素，这些人完全可以采取积极的办法，让自己在企业内部出人头地。

还有另外一些人，也在不断地抱怨“怀才不遇”，但他们却可能是源于心理上的“强迫性重复”。

一位心理学家曾在儿童的行为观察中发现，儿童在经历了一件令自己痛苦或者快乐的事件之后会不自觉地反复制造同样的机会以体验同样的情感。这种现象就被称为“强迫性重复”。“强迫性重复”的现象也可以在每一个成人身上存在。比如，一个人际关系不好的人，他可能一个朋友都没有，这样的结果就是由一系列强迫性重复导致的。最开始的时候，也许他只跟部分人关系不好，只有部分人不喜欢他。慢慢地，由于强迫性重复的力量，他会不自觉地制造一些事件，让所有的人不喜欢他。换句话说，他会下意识地教会别人都不喜欢他，以便强迫性地重复那些痛苦的体验。

有相当一部分“怀才不遇”者，常常是童年时被父母忽视的孩子，或是与兄弟姐妹竞争父母的爱而失败的人。“我不是爸爸妈妈最喜欢的孩子，但我要努力证明自己”是这些人的潜在内心的表达，这样的孩子成年后往往具有“自恋人格”的特点：一方面非常奋发努力，渴望获得承认，另一方面由于缺乏对领导意图的领会能力等原因，难以获得领导的赏识；无意中重演了童年被否定被忽视的命运，也就是他在进行着“强迫性重复”。对于这样的怀才不遇者，需要去咨询心理医生，在医生的帮助下修复过去的创伤，从而打破“强迫性重复”。

怀才不遇啊..
①

怀才不遇啊..
②

啊，董事长
... ...
③

怀才不遇啊..
④

怀才不遇啊..
⑤

你被解雇了
⑥

你为何总处在紧张状态中

| 心理学关键词：齐加尼克效应 |

法国心理学家齐加尼克做过一个“困惑情境”的实验。他先把一批受试者分成甲乙两个组，然后让他们同时完成20项工作。其间，他对甲组受试者进行干预，让他们不能继续工作而没能完成任务，而让乙组顺利完成所有工作。实验结果表明，尽管每个受试者在接受任务的时候都呈现出一种紧张状态，但顺利完成任务者的紧张状态随之消失，而没完成任务者的紧张状态继续存在，他们的思绪总是被那些没能完成的工作所困扰。后一种情况就被叫做“齐氏效应”，也称为“齐加尼克效应”。

齐氏效应说明了这样一个事实：在接受一项任务的时候，人会产生一定的紧张心理，只有完成任务后，这种紧张感才会消除。在没有完成任务之前，紧张感会一直持续下去。

心理专家认为，克服“齐氏效应”的关键就是找到一种方法，让人们认为自己拥有某种程度的控制力。

首先，休息好是明智的选择。其次，当在某项工作紧要关头过分紧张时，最好的方法就是接纳自己的这种紧张心态。此外，还可以做一些放松身心的活动，缓解持续紧张的状态。将注意力转移到一些日常物品上，看着一朵花或任何一件柔和美好的东西，细心观察它的细微之处；让自己真正的下班，并在下班时间做一些与当前工作无关的而且自己比较喜爱的活动，比如游泳、洗热水澡、逛街购物、听音乐、看电视剧等。

心理测试：测测你的情绪紧张度

下面共有19道题目，回答时请用“有”或“无”作答，然后进行评判。

1. 常常毫无原因地觉得心烦意乱、坐立不安。
2. 临睡时仍在思虑各种问题，不能安寝。即使睡着，也容易被惊醒。
3. 肠胃功能紊乱，经常腹泻。
4. 容易做噩梦，一到晚上就倦怠无力，焦虑烦躁。

5. 一有不称心的事情，便大量吸烟，抑郁寡欢、沉默少言。

6. 早晨起床后，就有倦怠感，头昏脑涨，浑身没劲，爱静怕动，消沉。

7. 经常没有食欲，吃东西没有味道，宁可忍受饥饿。

8. 稍微运动，就会出现心跳加速、胸闷气急。

9. 不管在哪儿，都感到有许多事情不称心，暗自烦躁。

10. 想得到某样东西，一时不能满足就会感到心中难受。

11. 偶尔做一点轻便工作，就会感到疲劳、周身乏力。

12. 出门做事的时候，总觉得精力不济、有气无力。

13. 当着亲友的面，稍不如意，就会勃然大怒，失去理智。

14. 任何一件小事，都会始终盘桓在脑海里，整天思索。

15. 处理事情唯我独尊，情绪急躁，态度粗暴。

16. 一喝酒就过量，意识和潜意识里都想一醉方休。

17. 对别人的病患，非常关心，到处打听，唯恐自己身患同病。

18. 看到别人成功或获得赞誉，常会嫉妒，甚至怀恨在心。

19. 置身繁杂的环境里，容易思维杂乱、行为失序。

答案解析：

回答“有”的题目在5道以下——你的情绪紧张度属于正常范围。

回答“有”的题目在8～11道之间——你患有轻度“紧张症”。你可以运用阅读、书法、绘画、养花、钓鱼等进行自我调节，松弛紧张状态。积极参加体育活动，增强体质，工作之后的文娱活动等也可缓解紧张、消除疲劳。还应当养成有规律的生活习惯，适当增加营养，提高意志力。

回答“有”的题目在12～15道之间——你患有中度“紧张症”。

回答“有”的题目在15道以上——你已经是重度“紧张症”患者了。你最好进行一些健康检查，或进行心理咨询及心理治疗。

总会本能地推卸责任

| 心理学关键词："自我宽恕"心理 |

人性当中有一个根深蒂固的弱点，即发现别人的错误容易，看到自身的错误却比较难。例如，如果问一个人"你觉得自身存在哪些缺点"或者"你觉得自己是一个坏人吗"，恐怕没有几个人愿意列举自己的缺点，更没有人承认自己是一个坏人。即使自己曾经或者现在都有某些不好的行为，他们也会为自己找各种借口和理由，或者是下意识地把责任推给别人。

这种现象在生活中是极常见的，那么导致这种现象的心理原因是什么呢？心理学家认为，主要是"自我宽恕"的心理在作祟。尽管我们常讲，宽以待人、严于律己，但在潜意识里，还是希望自己得到更多的实惠，更多的照顾，而受到更少的钳制，更少的约束。在职场中，对老板不满的员工会认为："我辛辛苦苦、起早贪黑地拼命干活，结果就发这么点工资，简直太冤枉了。"而对员工吝啬的老板则认为："公司是我开创的，资金是我投入的，工作岗位是我提供的，我不让你们失业就已经不错了，还到处找茬。"毋庸讳言，宽以待己，严于律人，差不多是人们共同的潜意识。

职场中，这种自我宽恕的心理，在人们身上都不同程度地存在，只不过是五十步与百步的差别而已。通常，当人们做错了一件事，并引发不良后果时，很多人首先想到的不是"造成这种结果的原因在我"，而是会想："这件事我不应该负责任的，要不是××把事情派给我，就不会发生这样的事情了。"的确，绝大多数人都会先设定，是别人的问题造成了错误的发生，而经过仔细推理之后，才会发现是自身原因造成的。

人都存在自我宽恕的心理，因而头脑中也都存在着一定程度的偏见，遇事总是先把责任推给他人，有时候自己也意识不到自己这种想法的错误性。也就是说，在职场中，人们对责任的推卸是一种本能，是一种潜意识的行为。

董事长，我给咱公司
发明了一个机器人耶
①

他从来都不犯错误
②

只是....
③

只是什么
④

只是他犯了错误，
会把错误推卸给
别人
⑤

... ...
⑥

与领导同乘电梯有心理负担

｜心理学关键词：心理空间｜

早晨，快要迟到了，你匆忙跑进电梯，里面居然还有一个人，再仔细看，居然是上级领导，这时，你会是什么感觉？

据调查，60%以上的人都感觉与领导在狭小的电梯里独处非常不自在。在白领们看来是一种煎熬，领导似乎也觉得很尴尬。为什么会有这种感觉呢？

心理学研究表明：每个人的周围都有磁场，当并非关系密切的人“侵入”这一磁场时，人体磁波会受到干扰。在不经意间，就生成了不自在、紧张与准备好反击的情绪。社会心理学则对人的心理空间进行了研究，认为陌生人之间的距离要保持在1.2米之外，才不至于引起人的不安感。半米到1.2米之间，则是朋友之间的距离，亲人、恋人之间的距离最近，为0.5米以内。如果人与人之间没有相应的关系，就贸然突破相应的距离，这会引起人的不安、反感、戒备等心理反应。电梯内的空间距离已经将人拉至朋友间的距离以内，在上班的高峰期，则达到亲人之间才能容许的距离，感到不安是正常的。如果在这个距离内遇到领导，那么平时的不快、恐惧和不适将会得到放大。

所以，如果很不巧下属与领导同乘电梯，那么，身为领导，最好自觉地“缩”在对角处，以使电梯中两人的距离尽量最大化，卸下下属的心理负担。在谈话上，可以简单评判员工的工作表现，在私生活方面以平常人对待。身为下属，在位置上，最好站在电梯口处，以便在开关电梯时为领导服务。在谈话上，要察言观色，如果领导心情好，可以主动地对他微笑、打招呼。胆大的员工，可以适时地讨论一下当前的热点，如果没有第三人在场，还可以请教工作上的问题。此外，还可以转移注意力，想一想其他的事情。对胆小又没有交流技巧的人，可以事先排练一些对话。

客梯
①

你在干什么？
②

我在看星星！
董事长。
星星？
③

在电梯里你找什么
星星？
星星
④

这里只有我，
没有星星。
⑤

正是因为只有你，
我才努力找星星。
晕
⑥

遭遇职场“冷暴力”该怎么办

| 心理学关键词：精神攻击行为 |

“冷暴力”这个词最早出现于婚姻家庭中，原本用来形容家庭成员发生矛盾时用非暴力手段刺激对方并使对方受伤的行为。如今，“冷暴力”已经从家庭扩散到职场：被上司打入“冷宫”，不给安排重要工作，放在一边晾干；部门里派系林立，想要远离是非，却边缘化成办公室的“孤家寡人”等。

职场“冷暴力”多存在于上下级之间。小李和张经理其实没有什么大矛盾，刚开始时工作关系一直都很融洽。两年前的一次工作会议，因为一个新方案使他们产生了分歧，当场争执起来。会议结束后，小李去张经理的办公室想解释一下，可是张经理却看都不看他就走了出去。小李安慰自己说经理在气头上。谁知从那天起，张经理再也没有跟他说过一句话，工作上的事情也再不向他交代。小李的客户来到公司，经理故意让其他人接待，将他冷落在一边，甚至工作会议有时也不让小李参加。有一次公司集体宴会，经理在席间向每个人敬酒，独自把小李晾在一边。这种工作上的冷落让小李很长时间在单位无所事事，几乎成了一个多余的人。渐渐地，小李变得压抑而沉闷，在公司很少说话，集体活动也不再参加。前段时间，他开始频繁地胃痛，去医院检查时，医生说是长时间的气滞所致。

在心理学范畴内，“冷暴力”就是一种由挫折感转化的非武力的攻击行为，同时也是一种人际关系上的不和谐。从心理学看，包容性不强而控制欲较强的领导、同事，更倾向于采用精神伤害这种更加隐蔽的手段对付下属或其他同事。

张经理有显著的狭隘心理，小李因长期饱受讥讽、漠视甚至于停止日常接触等逆向刺激，使其精神上饱受折磨，心理上压抑、郁闷。而人处在情绪低落和消极期间，身体的消化、免疫、思维、代谢等功能都将受到损害。这种郁郁寡欢的心理最终带来胃肠神经症。

“冷暴力”本质上是一种精神虐待，一旦发现职场“冷暴力”存在，当事人应该以积极心态加以化解，而不是听之任之。

一般认为，当甲方有暴力倾向时，乙方要及时说“NO”。也就是说在遭遇“冷暴力”时一定不要示弱，否则甲方会认为他就是应该对你施暴，你也就是应该受虐。

①
②
没有工作....
③
哼、有什么好看的
④
你怎么了
我被冷暴力
了
⑤
我被冷暴力
撞伤了
⑥
伤到心了

“职业倦怠”怎么办

|心理学关键词：职业倦怠症|

“职业倦怠”一词最早出现于20世纪70年代的西方国家，这是一种由职业导致的心理问题。

◆ 症状表现

“职业倦怠症”大致有生理和心理两个方面的表现。生理上表现为：注意力分散，记忆力下降；反应迟钝，行动迟缓；吃不好睡不香，精神恍惚等。心理上表现为：逐渐失去工作乐趣，缺乏热情，对办公场所有强烈排斥感甚至恐惧感；对工作任务产生厌倦；工作过程中极易产生疲惫感，对工作中的新异事物敏感度降低等。

◆ 症状产生原因

1.据专家表示，在教师、医护工作者等这类助人的职业中，当助人者将个体的内部资源耗尽而无补充时，就会引发倦怠。

2.一些刚刚毕业的大学生为了赶紧找到一份工作会漫无目的地四处撒网，最后糊里糊涂进入职场工作，根本没思考自己究竟喜欢什么样的工作，也会导致职业倦怠。

3.自我评价低、凡事追求完美主义，工作狂，容易紧张，情绪急躁，进取心强，在外界看来好像冲劲十足，就像永不断电的长效电池，实际上身心状况超支付出，导致了身心的倦怠。

4.工作负担过重、缺乏工作自主、薪资待遇不合期望、职场的人际关系疏离，这些都会变相引发“职业倦怠症”。

◆ 治病良方

在人生的不同阶段，几乎80%的人都会产生短暂的职业倦怠心理。如果职业倦怠心理持续时间较长，则需要人们及时进行调适，否则后果是非常严重的。

1.多元思考，学会欣赏自己，善待自己。遇挫折时，要善于多元思考。

2.休个假，喘口气。

3.适时进修，加强实力。

4.适时运动。运动能让体内血清素增加，有助于睡眠，也引发好心情。

5.寻找人际网络。除了同事，人要有其他可谈心的朋友。

6.说出困难。工作、生活、感情碰到困难要说出来，倾听者不一定能帮你解决问题，但这是抒发情绪最有效的方法。

心理测试：你是否患有“职业倦怠症”

在进行测试时，请不要犹豫，看懂题意后马上作答。回答“经常”得5分，回答“有时候”得 3分，回答“从来不”得1分。

1.你是否在工作餐时感觉没食欲，嘴巴发苦，对美食也失去兴趣？

2.你是否感觉工作负担过重，常常感觉难以承受，或有感觉喘不过气来？

3.你是否感觉缺乏工作自主性，往往只是领导让做什么才做什么？

4.你是否认为自己基本上待遇微薄，付出没有得到应有的回报？

5.你是否经常在工作时感到困倦疲乏，想睡觉，做什么事儿都无精打采？

6.你有没有觉得组织待遇不公，常常有受委屈的感觉？

7.你是否在以前一直很上进，而现在却一心梦想着去休假？

8.你是否会觉得工作上常常发生与上级不和的情况？

9.你是否觉得自己和同事相处不好，有各种各样的隔阂存在？

10. 你是否在工作上碰到一些麻烦事时急躁、易怒，甚至情绪失控？

11.你是否对别人的指责无能为力、无动于衷或者消极抵抗？

12. 你是否觉得自己的工作不断重复而且单调乏味？

答案解析：

12分～20分，你没有患上“职业倦怠症”，你的工作状态不错；

21分～40分，你已经开始出现了“职业倦怠症”的前期症状，要警惕，并应尽快加以调节；

41分～60分，你对现在的工作几乎已经失去兴趣和信心，工作状态很不佳，长此以往对个人的身心健康和工作都非常不利，应当引起重视，可以请求心理咨询师给予咨询和帮助。

你正在被“星期一综合征”折磨吗

| 心理学关键词：星期一综合征 |

电影《朝九晚五》中，三个白领员工一到星期一就发闷，需要到小馆子喝咖啡才成。那里的侍者都这样招呼：“又犯‘星期一综合征’了？”

有些人到星期一时不愿意上班，周日晚上就开始感到不舒服，希望星期一不要到来。即使勉强去上班，工作时也会出现到疲倦、紧张、烦躁等心理现象，总是打不起精神或者注意力不集中，工作效率普遍降低，甚至会出现腹胀、食欲不振……这些都是“星期一综合征”的典型表现。

按理说，经过周六、周日两天的休息，再去上班应该是精力充沛、动力十足才对，可为什么人们反而更加没有精神了呢？

有关心理学家对“星期一综合征”做了具体的分析，其中很多心理专家认为，这是巴甫洛夫学说的“动力定型”——旧的动力定型被破坏而新的动力定型难以建立时的“混乱”导致的。也就是说，人们从星期一到星期五一直处于工作的状态，“动力定型”已经让人们习惯了现有的工作方式，已经形成一定的规律。到了周末，工作了五天的人们开始想着怎么放松。有的人拼命地睡觉，以补充平时睡眠的不足；有的人则趁双休日玩个痛快，逛商店、游公园，有的更是夜以继日地看录像、玩游戏机，破坏了原来的“动力定型”。等到双休日过后的星期一，又必须全身心重新投入原来的工作和学习中去时，需要重新建立或恢复已被破坏了的“动力定型”，这时就难免会出现或多或少的不适应现象，就会出现“星期一综合征”这样的症状。

其次，心理学家海·克罗欣说：“所有的慷慨、快乐和兴奋都突然远离而去，人们肯定会感到生活空虚、无聊和平淡，很多人会开始怀疑人生的价值。”由于人们对单调工作的厌倦和对美妙的假日生活的留恋，致使他们对突然到来的星期一感到空虚和无聊，提不起任何兴致。另外，很多单位有很多工作都是在星期一做部署和决定，牵涉到的个人或部门，就会感觉到比平时的压力要大一些，精神也相对紧张一些。而从人的生理上来看，也要有一个适应过程，尤其是脑力劳动者，大脑松弛后，一下子紧张起来更需要有个适应过程。

哎，又到星期一了，
喝咖啡去
①

"又犯'星期一综合症'了？
Coffee
是啊，周一综合症
②

您双休日没休息吗？
休息了，但是……呃
……老鼠。
③

你也看《猫和老鼠》？！
④

我演《猫和老鼠》……
⑤

… …
⑥

远离办公室里的“心理饱和”

| 心理学关键词：心理饱和 |

“饱和”，是一个化学术语，将糖或盐加入水中，当它不能再溶解时，叫做“饱和”。“心理饱和”则是指心理的承受力到了不能再承受的程度。

心理学家做过一个实验，发给随机找来的十几个人每人一支笔和一张纸，让被试者在纸上画同一种图形：先画上一个圆圈，然后在圈内画两横线当眼睛，再画一竖线当鼻子，最后画一横线当嘴。要求被试者连着画这样的图形。刚领到任务的时候，所有的人都觉得这是一种再简单不过的任务，然而，一段时间之后，他们的速度越来越慢，注意力越来越不集中，画的画也越来越潦草。再后来，被试者们竟然头昏眼花，没有办法再画下去了。心理学家认为，被试者之所以产生这样的反应，是因为长时间地重复做同一件事情，心理产生了饱和的现象。

心理饱和是一种很普遍的现象。如学生面对老师布置的100道数学题，刚开始做时，动作快，做得也正确，但到后来，不仅速度减慢而且出错率快速上升，同时出现厌烦情绪，也就是说出现了心理饱和。

对职场人士来说，也是一样的。人的大脑一般有个抑制、兴奋的过程，当大脑处于兴奋状态时，人的情绪就较高，学习、工作注意力也就集中，但这个兴奋期是不可能无休止地持续下去的。如果一直做高度重复和固定的工作，就会陷入工作上的心理饱和状态，进而陷入职业枯竭状态。陷入职业枯竭的人在面对工作时会感到身体疲劳、情绪低落，创造力衰竭、价值感降低，工作上的消极状态进而会影响整个生活状态。

任何工作都可能产生“心理饱和”，但心理专家认为：“心理饱和并非不治之症，可以通过自我放松疗法来减轻心理饱和。”

在认知上要积极看待心理饱和——把心理饱和当成对自己未来的一种改变，重新审视自己，学会合理地安排各种任务，建立有张有弛的节奏，制定切实可行的工作目标，对时间进行合理管理，不超越自己的能力，压力就会大大降低。

当工作心理饱和过度时，要找专业人士寻求帮助。

给你们笔和纸，现在给我画猫脸！
好耶！
①

今天大家接着给我画猫脸！
还画！
②

这是什么？
猫脸啊！
③

我怎么看画得像一只老鼠？
老鼠？
④

哈哈！你拿倒了！
嗯，正过来像猫脸了。
⑤

正过来当然是啦！
为什么反过来像老鼠呢？
⑥

为何会有工作狂或半途而废者

| 心理学关键词：蔡戈尼克效应 |

请试着画一个圆圈，在最后留下一个小缺口。将它搁置一旁，然后去做别的事。你是不是感觉到自己有些分心。再回来看看你画的那个圆，你是不是有想要将圆圈完成的冲动？这是一个小测试。结果显示，绝大部分人会有把圆圈完成的倾向。这是为什么呢？

1927年，心理学家蔡戈尼克做了这样一个试验：她将受试者分为甲乙两组，让他们同时演算相同的数学题。让甲组一直演算完毕，而在乙组演算中途突然下令停止。然后让两组分别回忆演算的题目。结果，乙组对题目的记忆力明显优于甲组。实验得出的结论是：人们之所以会忘记已完成的工作，是因为欲完成的动机已经得到满足；如果工作尚未完成，这同一动机便使他对此留下深刻印象，这种心态叫“蔡戈尼克效应”。这就说明，人们天生有一种办事有始有终的驱动力。

关于这种心理，曾有过这样一个趣事：一位爱睡懒觉的大作曲家的妻子为使丈夫起床，便在钢琴上弹出一组乐句的头三个和弦。作曲家听了之后，辗转反侧，终于不得不爬起来，弹完最后一个和弦。

对大多数人来说，蔡戈尼克效应是推动人们完成工作的重要驱动力，这起着一种积极的作用。但是，蔡戈尼克效应也会使两种人走向极端。一种人会因为拖拉而永远也完不成一件事，这就是半途而废者；一种人是非要一口气把事做完不可，这就是工作狂。前者总是半途而废，永远不去把一件作品完成，也许只是因为害怕失败以避免受到批评，所以就下意识地逃避成功。后者之所以能够成为工作狂，就是因为他的完成内驱力过于强大，这有可能导致生活没有规律、太紧张，生活面过于狭窄。

对于半途而废者和工作狂这两种人，心理专家认为都应该调整他们的完成内驱力。

心理测试：你是工作狂吗？

从第一题开始，选出一个最符合你状况的选项，再依照指示至下一题继续作答。

Z1.闲着没事干，你通常都是如何打发时间的呢？

上网看看有没有什么新鲜事 → Z4

开着车到处乱跑，最好是到新地方 → Z5

Z2.如果你去拜访朋友，发现他不在又正好忘了锁门，你会？

躲起来恶作剧或给他一个惊喜 → Z6

先联络上他或是直接进到他房子等 → Z7

Z3.看到自己的国人在奥运拿下金牌，你的心情是？

好兴奋，幻想自己也能跟他一样 → Z2

会很开心，不过过几天感觉就淡了 → Z7

Z4.如果远远走来一个明星，你会？

多看几眼，不过可能不会有什么举动 → Z3

机会很难得，当然要把握时间跟他签名合照 → Z7

Z5.和朋友到KTV唱歌，你通常是？

第一件事就是找新歌排行榜，老歌我不要 → Z6

好多新歌都不会，只唱招牌歌或是听人家唱 → A型

Z6.你对你住的地方附近街道熟吗？

岂止熟，我还知道很多别人不知道的秘密地方 → Z7

不算熟，大路会记得，小路不会走 → B型

Z7.如果有一天你走在路上，有个你不认识的人跟你打招呼，你会？

问清楚他是哪一位朋友 → C型

装作没看见，直接闪人 → D型

答案解析：

A型：超级工作狂，一旦手头有工作，披星戴月也会完成！工作狂指数：90%

B型：实际也是工作狂，但对太粗重太脏乱的工作不做。工作狂指数：70%

C型：你很怕麻烦，尤其厌倦单调重复的工作。工作狂指数：50%

D型：你大概是全世界最不喜欢工作的人了。工作狂指数：30%

为什么很多人总在最后通牒中完成任务

| 心理学关键词：最后通牒效应 |

对于不需要马上完成的任务，人们总是习惯于在最后期限即将到来时，才努力去完成。也就是人们大多具有一种拖拉的倾向：在从事某一活动时，总觉得准备不足，能拖就拖，但在不能拖的情况下，例如条件不允许或到了规定时间，人们基本上也能完成任务，这在心理学上叫做“最后通牒效应”。

拖拉是一种坏习惯，容易引起焦虑和内疚，是一种自我心理折磨。职场中人之所以会拖到最后关头才完成任务，大致有以下几方面的原因：

得过且过——面对一些费神的工作或者自己不喜欢的任务，就会容易产生拖延的心态，认为事情到了最后总会被解决，于是不到最后一刻绝对提不起精神来处理。

害怕开始——有些人欠缺自信，常常因为害怕自己会做得不好，结果便迟迟不敢动手，这种逃避的惰性心理，往往令自己更容易产生挫败感。当别人开始催促，又或者受到同事的质疑，就更加不敢开始而继续拖延。不过，这种短暂的逃避会让自己的恐惧感在拖延等待中愈积愈多。

追求完美——有些人会尽心尽力做到最好，但仍会拖延至最后一分钟才动手，只因为他们想精益求精，不惜一切代价追求质量上的完美，结果迟迟未行动，最后导致时间大大超过预期。

职场人士如果想改变这种拖拉习惯，可以从以下几个角度尝试：

根据任务的轻重缓急进行合理安排，同时，向上级同事作出工作保证，有别人的监督，会令自己产生动力。

为自己设定时间表及期限，要求自己提前完成工作，同时不断提醒自己必须严守承诺及纪律，享受提前完成工作的成就感。

学会分析利弊，了解提前完成工作有什么好处，拖延又有什么坏处，对比之下，自然有明确的选择。

哼哼小曲，生活真
舒坦啊
①

你工作做完了吗
没有啊
②

……那你还喝咖啡！
③

我马上做啊
④

限你明天之前完成任
务！！
⑤

…………
耶，可以晚上
做了耶
⑥

第4章 不奋斗不成功
——员工任职心理学

自动自发使人变得杰出

| 心理学关键词：自动自发 |

对待同一件事，不同的人有不同的心理状态。一位心理学家为了实地了解人们这一个体差异，就来到一所正在建筑中的大教堂，对现场忙碌的敲石工人进行访问。

心理学家问他遇到的第一位工人："请问你在做什么？"这个工人很烦躁地说："在做什么？你没看到吗？我正在用这个重得要命的铁锤，来敲碎这些该死的石头。而这些石头又特别的硬，害得我的手酸麻不已，这真不是人干的工作。"

心理学家又找到第二位工人："请问你在做什么？"第二位工人无奈地说："为了每周500元的工资，我才会做这件工作，若不是为了一家人的温饱，谁愿意干这份敲石头的粗活？"

心理学家问第三位工人："请问你在做什么？"第三位工人眼中闪烁着喜悦的神采："我正参与兴建这座雄伟华丽的大楼。落成之后，这里可以容纳许多人来工作。虽然敲石头的工作并不轻松，但当我想到，将来会有无数的人在这儿快乐工作，心中就感到特别有意义。"

同样的工作，同样的环境，却有如此截然不同的态度。

第一种人，是完全被动的人。可以设想，在不久的将来，他将不会得到任何工作的眷顾，甚至可能成为生活的弃儿。

第二种人，是麻木的、对工作的概念只有钱的人。这种人抱着为薪水而工作的态度，为了工作而工作。他们不是企业可依靠和领导可信赖的员工。

第三种人，是具有高度责任感和创造力的人，他们充分享受着工作的乐趣和荣誉。这种人完美地体现了工作的哲学：自动自发，自我奖励，视工作为快乐。相信这样的工作哲学，是每一个团队都乐于接受和推广的。持有这种工作哲学的员工，就是每一个企业所追求和寻找的员工。他所在的企业、他的工作，也会给他最大的回报。

你在面对工作时是一种什么态度？是每天处于对工作毫无激情、批评、抱怨、发牢骚中，还是积极主动地面对工作？在企业中，你是消极怠工的员工，还是"最好、最杰出"的员工呢？

你在干什么？

在做什么你没看见啊，我
在干不是人干的活儿。

那你在干什么？

我正参与兴建广场。建成之后，
会有千万人在这里休憩娱乐。
虽然敲石头很累，但当我想到，
很多人因此而快乐，那是多么
有意义的事。

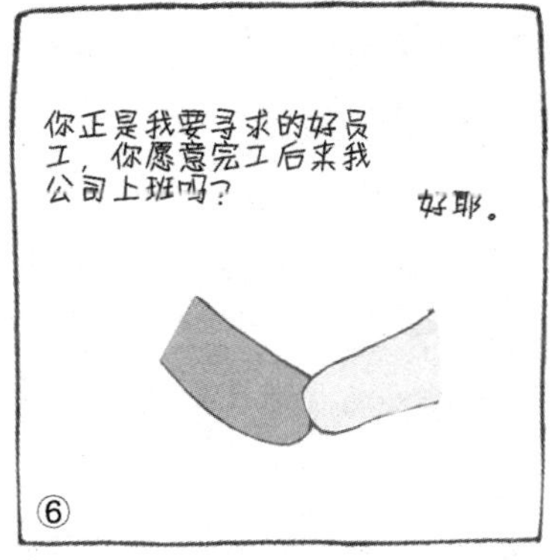
你正是我要寻求的好员
工，你愿意完工后来我
公司上班吗？
好耶。

抱怨也有积极作用吗

| 心理学关键词：抱怨心理 |

心理学认为，人在遭受挫折与不当待遇时，往往会采取消极对抗的态度。在职场中，很多人在欲望、需求受阻时，就会有一种不满的情绪涌上心头，怨天尤人，这就是抱怨心理。据调查显示，近六成的职场人士有抱怨心理，每天至少要抱怨一次。

从本质上看，抱怨是一种情绪发泄的正常行为，但是，情绪发泄过度，没完没了抱怨也同样不好。这不仅达不到宣泄情感、令人心情愉快的目的，也解决不了任何实际问题，还容易让人陷入负面情绪里。这对自己的长期工作、生活状态都会产生很大的影响。当你不停地向别人抱怨时，渐渐会给别人留下消极的负面印象，在职场中则会显得非常不职业，在日常的交往中别人也会渐渐由同情变为厌烦，避之唯恐不及。

美国的罗宾森教授曾说："人有时会很自然地改变自己的看法，但是如果有人当众说他错了，他会恼火，更加固执己见，甚至会全心全意地去维护自己的看法。不是那种看法本身多么珍贵，而是他的自尊心受到了威胁。"抱怨时，要多利用非正式场合，少使用正式场合，尽量与上司和同事私下交谈，避免公开提意见和表示不满。这样做不仅能给自己留有回旋余地，即使提出的意见出现失误，也不会有损自己在公众心目中的形象，还有利于维护上司的尊严，不至于使别人陷入被动和难堪。

◆ **选择抱怨的方式**

尽可能以赞美的话语作为抱怨的开端。听你抱怨的人也许与你想抱怨的事情并不相关，甚至不知道情况为何，如果你一开始就大发雷霆只会激起对方敌对、自卫的反应。

◆ **选择抱怨的时机**

当领导和同事正烦时，去找他抱怨，只能是火上浇油。即使你的抱怨很正当和合理，别人也会对你反感、排斥。

◆ **控制情绪**

如果怒气冲冲地找上司表示对他的安排或做法不满，很可能把他惹火了。所以即使感到不公、不满、委屈，也应当尽量先使自己心平气和下来再说。也许你已积聚了许多不满的情绪，但不能在此时一股脑儿地抖搂出来，而应该就事论事地谈问题。过于情绪化将无法清晰透彻地说明你的理由，而且还使得领导误以为，你是对他本人而不是对他的安排不满。

◆ **提出解决问题的建议**

抱怨完之后，最好提出相应的建设性意见，来弱化对方可能产生的不愉快，而且抱怨对象也会真切感受到你是在为他着想。

◆ **别耽误工作**

即使受到了极大的委屈，也不可把这些情绪带到工作中来。很多人认为自己是对的，等直接领导给自己一个“说法”。这样，只能使自身的处境更不妙。因为正常工作被打断了，影响了工作的进度，其他同事会因此产生不满，更高一层的领导也会对你形成坏印象，而直接领导就更有理由说你是如何不对了。

心理测试：你是抱怨达人吗？

周末休息，心情非常好的你在花鸟市场闲逛，你会怎么挑选？

A．只选造型比较漂亮的绿色植物

B．买些水培植物，再配上几条小鱼

C．既买植物也买鱼，但不是为了搭配在一起

D．看看就行了，什么都不买

答案解析：

选A——闷骚型抱怨达人。追求完美的你常常感到不满意，可讨好型的人格又让你有怨不敢发，只好选择自己咽下去。

选B——非典型抱怨达人。喜好表达的你，常常是无怨三分唠，小心被误解为是个好挑拨事端的人。

选C——理智型抱怨达人。看过世间百态的你，绝不会轻易动怒，更不会到处投诉。

选D——焦躁型抱怨达人。你的情绪就像夏日里的雷阵雨，来得快去得也快。感觉不爽，你就会淋漓尽致地将不满和抱怨在第一时间倾倒。

突破思维定势，以提高发展

| 心理学关键词：思维定势效应 |

先看一个脑筋急转弯：

篮子里有四个橘子，由四个小孩子平均分，到最后，篮子里还有一个橘子。请问：他们是怎样分的？

这个问题的答案是：四个小孩一人一个。

很多人可能还在纳闷：不是说四个孩子平均分四个橘子吗？那篮子里剩下的一个怎么解释呢？其实，仔细看看，就会发现题目中并没有“剩下”的字眼；此外，那三个小孩子拿了应得的一份，最后一份当然是最后一个孩子的。至于他把橘子留在篮子里或者拿在手上，这并没有什么区别。

在恍然大悟的时候，你可能还在奇怪这么简单的题目，自己怎么错了呢？其实，很简单，你是受到了“思维定势”的影响。

心理学家包达列夫曾做过一个实验：让实验者看同一个人的照片，然后让他们描述该人。他首先将实验者分为两组，在出示照片之前，对第一组说，这个人是个通缉犯；而对另外一组却说，这个人是位科学家。然后让两组被实验者仔细观察做出判断。结果第一组人将照片上的人描述成了“深陷的双眼证明内心的仇恨”，“突出的下巴代表死不悔改”等；而第二组人却认为“他深陷的双眼代表了思想的深度”，“突出的下巴表明克服艰险的意志力”等。

同样一个人，只因所给的前提不同，得到的判断和描述竟然是天壤之别。这个实验突出地反映了定势的作用，由此引申出的关于人们思维的这一特点就是“定势效应”。

定势是指以往的心理活动对以后的心理活动会造成不可磨灭的影响，它往往决定了以后心理活动的方向。心理定势其实是活动之前的准备状态，它可以使人们在从事某些活动时根据以往的经验而事半功倍，节省时间和精力。但是，定势心理的存在无疑也会束缚人们的思维，使人们习惯于用固定的眼光看问题，用固定的思维想问题，而看不到事物的变化，从而陷入因循守旧的僵局，无法发现更多的创新与捷径。这在职场中是很常见的。

给你们看这个照片，这是只好猫。
①

你们看这个，这是一只坏猫。
②

这个猫神采奕奕，敦厚稳重，尤其还有可爱的将军肚。
③

第二个猫脑满肠肥，肥硕昏聩，肚子里不知装着什么坏水。
④

=
告诉大家真相吧，这是我们新来的人力资源总监：大胖猫耶。
⑤

晕！
⑥

制订计划会提高工作效率

| 心理学关键词：布利斯定律 |

美国行为科学家艾得·布利斯提出了布利斯定律，它的内容是：花费较多时间为一次重要的工作做一个事前计划，那么做这项工作所用的总时间就会减少。

事前做计划真的对工作很有效吗?

美国曾有几个心理学家做过这样一个实验：他们将学生分为三组，按不同方式训练投篮技巧。甲组学生在20天里每天练习实际投篮，然后记下第一天与最后一天的成绩；乙组也将第一天与最后一天的成绩记下，可是在这段时间内他们不做任何练习；丙组每天用20分钟做想象中的投篮训练，若投篮不中，他们就在想象中做出相应的纠正，然后分别记下第一天与最后一天的成绩。

实验结果显示：乙组毫无长进；甲组进球增加了24%；丙组进球增加了26%。据此，他们得出一个结论：行动之前进行头脑热身，构想要做之事的每一个细节，梳理心路，然后将它深深铭刻在脑子里，当你行动时，便会得心应手。

小李曾是一个电话业务员，他刚开始做业务时发现自己的组织能力非常差。他打了2 000多个电话，平均每星期40个。记录越来越多，工作慢慢杂乱起来。这种状态让他很苦恼，他希望自己的工作井然有序。后来，他意识到，要想提高自己的工作效率，就一定要花足够多的时间去“磨刀”。所谓的“磨刀”其实就是制订计划。他将所打电话全都记在卡片上，每星期有四五十张。接下来，根据卡片内容安排下一次的话题，还有要写的信等。再列出日程表，安排星期一至星期五的工作顺序，包括每日要做的事情。做这些需要四五个小时，既琐碎又枯燥，半天时间就这样没了。所以，起初他总做到一半就想放弃。但在坚持了一段时间之后，他就尝到了甜头，发现这样做真的是成效显著。此后，每个星期一的上午，他就做自己一周的计划，并按计划执行自己的工作，由于准备充分，一周内他总是精神饱满、激情飞扬、信心十足。

事实上就是如此，只要你有了目标与计划，你完成事情就要简便许多，效率也会提高许多，绝对不会发生找不到事干的情况，更不会碰到困难就退缩害怕。而且权威研究机构的研究结果也显示，制订计划将大大地提高目标实现的成功几率，制订计划者的成功率是从不制订计划者的3~5倍。在成功实现目标的人当中，事先制订计划的人高达

78%，未制订计划的人只有22%。

做计划很重要，但计划能否实现还要看行动。每个人都知道，没有行动的计划不具有任何意义。如果只想不做，长久下去，就只能感觉到目标愈来愈远，愈来愈难以实现，结果就是你不断地降低自己的目标。其实这样也就失去了制定目标与计划的意义，因为它们永远都没有实现的可能。

所以，如果让自己每天前进一点点，每天实现一点点，一点一滴严格执行自己的计划，你就会发现，目标其实距离自己并不遥远。

心理测试：你的工作效率高还是低？

周末了，你邀请几个好友来家里吃饭，最可能出现以下哪种状况？

A．忘记煮米饭，只好出去买面食。

B．为了精益求精地做道你最拿手的菜，误了开饭时间。

C．很快地烧煮一些做法简单的菜，以节省时间。

D．胡萝卜用完了，让第一个到来的客人去买。

答案解析：

选A——迷糊型。从来搞不清做一件事要花多少时间，经常不能有始有终地完成计划。建议你买两本台历，一本用于工作，一本用于日常生活，放在显眼处，给每件事定个最后期限。

选B——完美主义者。追求尽善尽美，没有时间观念，把大量的时间花在细枝末节上。建议你按照每件事的重要程度来分配时间，这是节省时间、提高工作效率的关键。

选C——把握时间型。你做得不错，但建议你工作之余尽情放松自己，不要苛求别人同自己一样的高效率。

选D——紧张刺激型。做事总是慌慌张张，丢三落四。建议你做每件事都比计划提前一点点开始行动，才能从容应对。

揣摩领导意图，切忌错误投射

| 心理学关键词：投射效应 |

心理学实验者曾做过一个有关“投射效应”的实验。他们参与了一家出版社的选题讨论会。会上，参与实验的研究者说：“为了更有效地影响受众关注我们，你们策划出自己认为最重要并且最具影响力的一个选题。”但最终的结果却出现了这样有趣的现象：

正在攻读第二学位的编辑认为，现在是知识竞争的时代，每个人都在试图获得高等院校以及更高的学历证书，所以他的选题为《怎样写毕业论文》；

一个正在准备将女儿送到幼儿园的女编辑认为，中国一向有“教育是先机，教育孩子应从娃娃抓起”的教育理念，所以她的选题是《学龄前儿童教育丛书》；

……

这些编辑的选题都各有道理，但是仔细分析便发现，这些编辑在做选题的时候，大都参考了自身的需要，也就是说受到了“投射效应”的影响。

生活中如此，职场中也是如此。

小江的工作能力很强，但和单位同事的关系不太好，他感觉大家都不太喜欢自己。总感觉同事们个个都在暗地里与他竞争，甚至认为别人对他有仇恨心理，似乎对方的一举一动都具有挑衅的意味。别人的一句玩笑，他也会当真。

有一天，部门领导过生日，办公室的同事相约一起请领导到某酒店庆祝一下，有人倡议说，大家都准备一份小礼物吧！同事们都表示赞同，接着，有人说“那我买花！”还有人说：“我买蛋糕！”“那我就买卡片吧！”……一旁听着的小江认为大家都在撒谎，肯定都为领导准备了贵重礼物呢！为了抓住这个和领导套近乎的好机会，小江特地买了一块贵重的手表。生日聚会上，大家纷纷拿出准备好的礼物，果然是鲜花、蛋糕、红酒、卡片……领导说这些礼物“礼轻人意重”，就都收下了；打开小江的礼物时，发现是名贵的表，就说太贵重，并婉拒了。

小江百思不得其解，为什么大家和自己想得不一样？其实，这就是非常典型地受到了“投射效应”的影响。他对别人怀着防备之心，就以为大家对他也一样，所以，他在职场中看上去就时时处处不如意。

小瘦猫和一个和尚交了朋友，学和尚坐禅。
①

你看到了什么？
②

我看到一只夹着尾巴的猫。
③

我看到一个小和尚。
④

为什么？
⑤

佛心自现。你看到的是什么，你就是什么？
糟糕，身份暴露。
⑥

选择你所爱的，爱你所选择的

| 心理学关键词：不值得定律 |

职场中人大都认同这样一种心理：如果所做的是一份自认为不值得做的事情，往往会保持冷嘲热讽、敷衍了事的态度。那么做成这件事的成功率就非常小，而且即使成功，也不会觉得有多大的成就感。

这种心理被表述为“不值得定律”，即不值得做的事情，就不值得做好。这个定律似乎再简单不过了，但它在职场上的重要性却时时被人们疏忽。很多人都选择了自认为“不值得”做的事情，都在做“不值得”的事情中浪费着生命。

那么，区分“值得”与“不值得”的标准是什么？心理专家认为，职场人士可以从以下三个方面去考虑：

第一，是否符合自己的价值观。因为只有符合自身价值观的事情，人们才会满怀热情地去做。

第二，是否符合自身的个性和气质。一个人如果做一份与他的个性、气质完全背离的工作，那肯定是很难做好的。

第三，现实的处境。同样的一份工作，在不同的处境下去做，给人们的感受也是不同的。假如说在一家大公司里，如果最初入职时做的是打杂跑腿的工作，人们很可能认为是不值得的，但是，如果被提升为领班或部门经理，人们就不会这样认为了。这一点的本质含义也就是说，你所从事的事情能不能给你美好的预期。

如果你的工作符合以上三个标准，那说明你的确选择了你所爱的，剩下的只需要尽力去做了。反之，你可能就需要考虑另换一个更合适的工作了。因为人生可供选择的奋斗目标非常多，个人应在其中选择一个合适的并为之而奋斗，“选择你所爱的，爱你所选择的”，才可能激发人们的奋斗毅力，奋斗过程也会变得愉快且有趣味。

你们为什么不工作
那什么工作你愿意做好？
？哎. . .
①

那我现在任命你为
本部门的组长
②

哦，那太好了
③

五分钟后
④

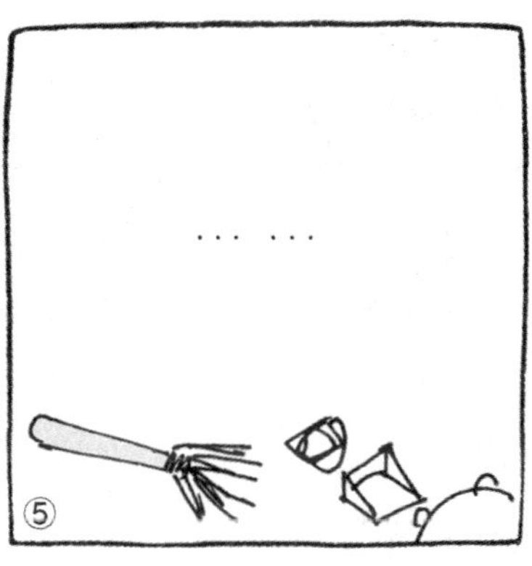
. . . . . .
⑤

你们被解雇了
⑥

跨越挫折心河，才能超越自我

｜心理学关键词：挫折心理｜

挫折在人们的生活中是不可避免的，平时所说的“心想事成”、“万事如意”只是大家的一种美好愿望。在职场中，升不了职、完不成销售量，甚至降薪、失业等，也都是可能出现而且必须面对的挫折。有人说，“与离婚、丧偶一样，职场上的挫折也是一种引发人心理压力的严重负面事件。”

在心理学上，挫折是指人们为实现预定目标采取的行动受到阻碍而不能克服而产生的一种紧张心理和情绪反应，它是一种消极的心理状态。

这种消极的心理状态对人的影响可大可小，可轻可重。轻者可能瞬时就烟消云散，重者则有可能引起紧张、消沉、焦虑、惆怅、沮丧、忧伤、悲观、绝望。长期下去，这些消极恶劣的情绪得不到消除或缓解，就会直接损害身心健康，使人变得消沉颓废，一蹶不振；或愤愤不平，迁怒于人；或冷漠无情，玩世不恭；或导致心理疾病，精神失常；也有的可能轻生自杀、行凶犯罪等。

挫折心理的危害如此之大，职场中人要在职场中立于不败之地，就一定要练就顽强的抗挫力。

◆ 正视挫折

如果对挫折有了足够充分的心理准备，敢于正视面前的挫折，就能把挫折当做进步的阶梯、成功的起点，从而不断取得进步。

◆ 总结经验教训

一方面，职场中人要从失败中吸取教训，以积极态度冷静地分析遭受挫折的主、客观原因，及时找出失败的症结所在，发现自己的弱点；另一方面，要发现自己的优点和长处，从而振作精神，鼓起战胜挫折的勇气，树立信心，提高对挫折的承受能力。

◆ 对自己的期望要适当

职场中人给自己设定的目标一定要是通过艰苦努力能达到的。这样不仅不会经常遭受挫折的袭击，而且还能让自己不断进步，即使进步一点点。

◆ 拥有和谐的人际关系

当一个人遭受挫折时，如果有几个思想上、兴趣爱好上志同道合的挚友，能倾听自己的心里话，便能使自己尽快从挫折中解脱出来，内心的紧张也会逐渐减弱。同时，从挚友那里获得的鼓励、信任、支持和安慰等，还可以促使你重新振作精神，战胜困难和挫折。

心理测试：测测你的挫折承受力

你在一个小公园里漫步，但总觉得这个公园里缺少了什么，会是以下哪一样呢？

A、秋千

B、跷跷板

C、可以溜冰的空地

D、带狗散步的人

E、喷水池

答案解析：

A、你很容易牵挂父母家人，跌倒后第一个想法就是不能让家人担心，然后默默努力自己站起来。

B、你失败时会立刻静下来反思，并参考很多宝贵意见再重新出发。

C、你永不服输，只想做到最好，所以会在最短的时间里站起来。

D、你受挫后要在家人和朋友的鼓励下才有勇气站起来。

E、你在遇挫后会对人性有不信任的感觉或有疏离感，因此会让自己先浪漫一段时间再找新机会。

职场人要尽力避免“从众心理”

| 心理学关键词：从众心理 |

“从众心理”，是指人们在生活中，会自觉不自觉地以多数人的意见为准则，进而作出判断、形成印象化的心理。

1952年，美国著名的心理学家所罗门·阿希，为了了解人们是否会受到他人的影响，曾进行了一个实验。

他告诉前来参加实验的大学生们此次实验的目的是研究人的视觉。在大学生们走进实验室前，他们事前安排好5个人装作等候做实验的人，这时来参加实验的一名大学生走进了实验室，当他发现已经有5个人先坐在那里时，他便坐在第六个位置上。

于是，实验正式开始，阿希拿出两张画有竖线的图片，一张图片上面有三条线段；另外一张图片中有一条线段，他要求参与实验的大学生比较线段的长度，并指出等长的线段。事实上这些线条的长短差异很明显，正常人是很容易作出正确判断的。

此次实验一共进行了18次，然而，在两次正常判断之后，当前5个参与实验的人，一致认为其中有两条线段是等长的时候，于是那些参与实验的大学生开始迷惑了，最终的结果是有33%的人受到了从众影响，有76%的人至少受了一次性的从众影响，只有24%的人没有受到从众影响。而按照正常思维，人们判断错的可能性还不到1%。

阿希的实验让人们都感到吃惊，谁误导了那些参与实验的大学生？阿希，还是参与实验的人？图片还是线段？心理学上认为都不是，而是人们习惯性的从众心理。实验中前5位实验参与者用错误的答案，影响了第6个人最终做出的判断，进而引发出这种错误的认知。

在职场中，很多人也避免不了“从众心理”。

?
①

你们在看什么？
②

我也不知道，我看到他们在看，我也看看天空有什么。
③

你在看什么？
④

哦，我刚才流鼻血，所以仰着头。我正奇怪这三个傻蛋也仰着头干什么？
⑤

⑥

用酸葡萄心理安慰自己

｜心理学关键词：酸葡萄心理｜

《伊索寓言》中有一篇《狐狸与葡萄》流传极广。饥饿的狐狸看见葡萄架上挂满了葡萄，想吃，却够不到。在离去的时候，他对自己说："这葡萄没有熟，是酸的，不好吃。"伊索写这篇寓言的本意，是讽刺有些人因为没有力量，不能做成事情，也是这样找借口的。

心理学家将这种"吃不着葡萄就说葡萄是酸的"心理，称之为"酸葡萄心理"。

伊索先生批判"酸葡萄心理"，那"酸葡萄心理"一定不好吗？有人做过实验，把一条狗捆起来，在两尺外放上一块香喷喷的牛肉，狗想过去吃，可是够不着，气得暴跳如雷、心跳加速、血压升高。此时，让另一条狗过来把这块牛肉从容地吃掉，而捆着的狗因为生气加上嫉妒，血压升得更高，差点丢了小命。

因为得不到而生气，这对自己是丝毫没有益处的。但若有"酸葡萄心理"，在真正的需求无法得到满足而产生挫折感时，找一些"理由"自我安慰，就可以消除紧张，减轻压力，使自己尽快从不满、不安等消极心理状态中解脱出来，从而起到自我保护的作用。

在职场中，当遭遇升职挫败、加薪挫败、偶尔办砸事务时，适当吃点"酸葡萄"，会有益于身心健康的。它会让消极情绪尽快消失，重新振作起来，以崭新的姿态去面对新的工作、任务。

但是，职场人士吃"酸葡萄"时，要避免走入误区。

首先，"酸葡萄"不是针对他人的。如你和同事在竞争一个升职机会时，对方胜出。你可以吃"酸葡萄"安慰自己，但不能在同事面前说这个职位的不好，如果这样，那么你的这种心理就不是"酸葡萄心理"了，而是嫉妒心理。嫉妒心理是职场一大忌。

另外，"酸葡萄"要适度。"酸葡萄心理"作为一种心理防卫功能的确能够帮助职场人士更好地适应职场生活，然而，如果沉溺其间却对心理健康有显著的副作用。也就是说，时时处处的小挫折、小失误都找借口自我安慰，那这种心理就不是"酸葡萄心理"，而是"阿Q心理"，不仅起不到平衡心态、促使奋进的作用，还会让职场中人挫折失误更多，且容易安于现状，变得庸庸碌碌。

①

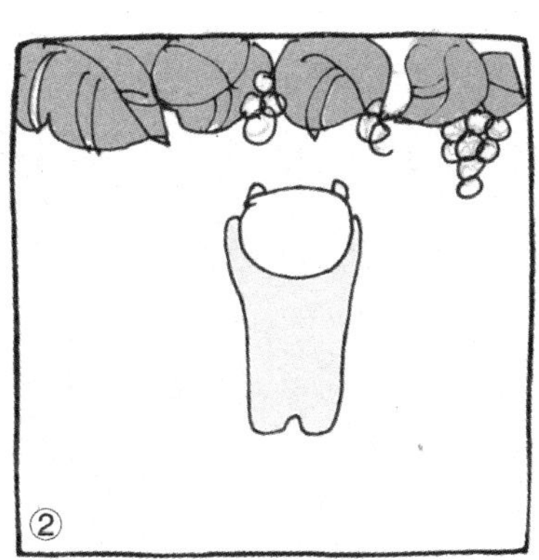
②

③

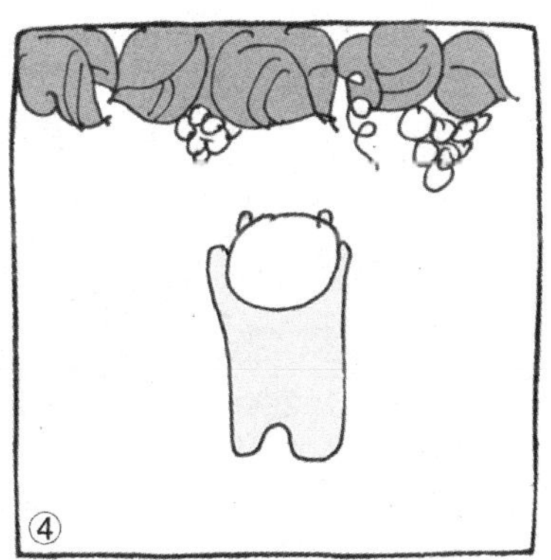
④

⑤

葡萄是酸的，有什么
好吃呢。
⑥

职场奋斗莫有冷漠心理

| 心理学关键词：冷漠心理 |

小张是一家公司的策划部主任，部门里的一个员工让他非常地头疼。其实，这个员工非常聪明，总有很多的好创意，但就是只管好自己的一亩三分地，凡事三缄其口，不问就不说，宁可让好想法烂在肚子里。小张有一次跟他沟通，说每一个部门的成就是大家一起创造的，在同一个集体里没有与自己无关的事。可他却说，不是他分内的事情他为什么要替别人操心。这就是典型的事不关己，高高挂起的冷漠心理。

在心理学上，冷漠是指对他人冷淡漠然的消极心态。冷漠主要表现为对人怀有戒心甚至敌对情绪，既不与他人交流思想感情，又对他人的不幸冷眼旁观、无动于衷、毫无同情心。冷漠通常因受人欺骗、暗算等心灵创伤或因种种原因受人漠视、轻视甚至歧视所致。正是由于这些原因，使其在人际交往中戴上“灰色眼镜”看待人生，逐渐失去了应有的热情和同情心。

在职场中，这种冷漠心理可以理解。毕竟，有人的地方就有江湖。身入职场，就是和利益相关的，凭什么要求人人都与你方便，携手并进？再说，从概率学的角度讲，做的事情越多，出错率就越高，所以，很多人也多一事不如少一事。此外，在某种状态下，在某些行业里，冷静冷漠才会显得专业、敬业。

但是，冷漠心理虽可理解，却不可取。如果你是这样的员工，请换位思考，站在领导的角度考虑，如果员工都“事不关己，高高挂起”，你的工作该怎么做？你希望领导一个一盘散沙一样的团队吗？当然，这也不全是员工的问题。有些员工可能会想，如果我参与过多，不该说的也说，那领导会怎么想我呢？所以，领导也需要经常与下属沟通自己的想法，充分信任下属，多听听下属的意见和建议。

一个积极的团队能够鼓舞每一个人的信心，一个充满斗志的团队能够激发每一个人的热情，一个善于创新的团队能够为每一个成员的创造力提供足够的空间，一个协调一致、和睦融洽的团队能给每一位成员一份良好的感觉。

如今的世界是一个合作的世界，作为公司的一名职员，单凭一个人是无法完成一个较大规模的项目的。公司的命运和利益包含着每一个公司员工的命运和利益，没有哪个员工可以使自己的利益与公司相脱节。只有整个团队获得更多利益，个人才有希望得到更多利益。因此，每个员工都应该具备团队意识，融入团队，以整个团队为荣，在尽自己本职的同时与团队成员协同合作。

心理测试：你如何处理与同事的工作关系？

如果有一天你在山中迷路了，远远地看到好像有车灯，你希望它是什么车呢？

A．普通的小汽车　　B．摩托车　　C．出租车　　D．大卡车

答案解析：

选A——你处理工作关系既不偏公也不偏私，在工作上你不会强调或完全否决某种观念，你会根据当时情形，灵活选择自己的态度。

选B——你很注重与人合作，认为工作中大家也可以像一家人一样，无私地互相帮忙。所以，在平时就很在乎大家在工作中的互动关系。

选C——你是个做事只看成果，不看人情的人。虽然平时也和同事打打闹闹，但是一旦扯上工作，就一定是公私分明。

选D——你喜欢比较简单的工作关系，所以你用人或与人合作不太强调对方有没有脑子，而是希望他什么都做、心眼不太多。

不要触动工作中的“多米诺骨牌”

| 心理学关键词：多米诺效应 |

多米诺骨牌是一项能培养人的创造力、意志力，能增强自信心且品位高雅的娱乐活动，它最早起源于中国。

北宋宣和二年（1120年），民间出现了一种名叫“骨牌”的游戏。宋高宗时传入宫中，随后迅速在全国盛行。当时的骨牌多由牙骨制成，所以骨牌又有“牙牌”之称，民间则称之为“牌九”。

1849年，一位意大利传教士把这种骨牌带回了米兰，作为礼物送给了女儿多米诺。多米诺很喜欢这些骨牌，而且发明了新的玩法。传教士为了让更多的人玩上高雅的骨牌游戏，就制作了大量的木制骨牌。不久，木制骨牌迅速地在意大利及整个欧洲传播。后来，人们为了感谢多米诺给他们带来这么好的一项运动，就把这种骨牌游戏命名为“多米诺”。因为这种“骨牌”游戏有着一倒百倒、引起连锁效应的特点，人们便把社会生活中、政治、军事、商业等领域中同样的连锁效应称之为“多米诺效应”或“多米诺现象”。

如果“多米诺骨牌”仅仅会一倒百倒也就罢了，可是研究者发现，多米诺骨牌释放的能量呈几何级数形式增长，能够产生巨大的能量。哥伦比亚大学物理学家怀特海德曾经制作过一组骨牌，共13张。第一张最小，长9.53毫米，宽4.76毫米，厚1.19毫米，还不如小手指甲大。然后以每张1.5倍的比率，依次制作其余的12张骨牌。怀特海德经过精密的计算后发现，第13张骨牌倒下时释放的能量，比第一张牌倒下时整整要扩大20多亿倍。如果继续制作骨牌，当第32张牌倒下的时候，所产生的力量足以推倒整座帝国大厦。一张小小的骨牌，经过多米诺效应的传导后，竟会产生如此巨大的力量，这真令人匪夷所思。

然而，更令人匪夷所思的是，这种巨大的力量不仅存在于骨牌游戏中，它还存在于社会生活中。

用陈馅做月饼，看似很小的问题，它却导致有88年悠久历史的老字号企业“冠生园”亏损并破产。奶粉中三聚氰胺的含量多少，看似很小的问题，它却导致几十年的老企业“三鹿”在几个月内宣告破产……

由此来看，员工在工作中务必要认真对待哪怕是任何一个微小的细节，不要触动工作中的“多米诺骨牌”，否则有些损失将是无法弥补的。

①

轻轻推倒最小
的一块，其他
骨牌顿时产生
连锁反应，依
次跌倒。
②

用电脑计算能量……
③

哇，若是继续按照比例
制作骨牌。
④

最后那块牌的能量能
推倒帝国大厦耶。
⑤

真是太神奇了。
⑥

危机缺位后的安乐死

|心理学关键词：温水煮青蛙效应|

不知从哪天起，你开始缺乏工作热情，从来不主动要求做事，只是懒洋洋地应付；或者不求上进，安于现状。这是一个危险的信号，因为，你目前正是温水里的一只青蛙。

19世纪末，美国康奈尔大学曾进行过一次著名的“青蛙试验”：他们将一只青蛙放在煮沸的大锅里，青蛙触电般地立即窜了出去。后来，人们又把它放在一个装满凉水的大锅里，任其自由游动。然后用小火慢慢加热，青蛙虽然可以感觉到外界温度的变化，却因惰性而没有立即往外跳，直到后来的热度让它难以忍受，但它发现自己已经失去了逃生能力，只能接受被煮熟的命运。

科学家经过分析认为，这只青蛙第一次之所以能“逃离险境”，是因为它受到了沸水的剧烈刺激，于是便使出全部的力量跳了出来，第二次由于没有明显感觉到刺激，因此，这只青蛙便失去了警惕，没有了危机意识，它觉得这一温度正适合，然而当它感觉到危机时，已经没有能力从水里逃出来了。

后来，人们把这种状况称之为“温水煮青蛙效应”。“温水煮青蛙效应”无论在企业中，还是在职场中的个人身上都会起作用。

对一个企业来说，竞争环境的改变大多是渐热式的，如果管理者对环境的变化没有疼痛的感觉，最后就会像这只青蛙一样被煮熟。

职场中的每一个员工也是一样，当你逐渐习惯于懒懒散散地做工作，不再有激情，不再汲取新鲜的营养，你其实也在走向“温水煮青蛙”的安乐死状态。

当然，每个人都不想当温水中的青蛙，绝大多数人也自信自己决不会成为温水中的青蛙，但是作为青蛙，大部分时间都需要在水中，你怎么能分辨得出哪部分水域安全，哪部分水域危险呢？何况安全也只是相对的，它会随着环境而发生变化的。因此，作为职场中的青蛙，既然你无法改变外部的环境，你又没有办法不当青蛙，那么你只能改变你自己，让自己保持高度的警惕，随时注意环境的变化，一旦水温出现哪怕是微小的异常，就要立即进行分析，采取必要的对策。

此外，美国管理大师彼得说过：“一种动物如果没有对手，就会变得死气沉沉。

同样，一个人如果没有对手，那他就会甘于平庸，养成惰性，最终导致庸碌无为。”所以，如果不想成为死于温水中的青蛙，就要在组织中适度引入外来竞争者，打破安逸的生活，让自己和他人警觉起来，懒惰的天性也就会随着环境的改变而受到节制。或者，自己主动以某位有激情、有才华、有事业心的同事为竞争者，让自己处于机敏状态、奋斗状态。另外，当你发现自己正在安于现状、开始变得懈怠时，不妨给自己找点新的刺激——比如，从一个熟知的环境和行业，转到一个陌生的环境和行业。有新的开始，就会有新的活力与激情。

心理测试：你的危机意识有多强？

一头乳牛正从牛舍里出来吃草，请你凭直觉判断，它将走至哪一处觅食？

A．山脚下　　B．大树下

C．河流旁　　D．栅栏农舍旁

答案解析：

选A——你的危机意识很强，甚至有点杞人忧天！也许很容易的事，被你天天惦念着，久而久之也变成困难的。

选B——你是属于快乐得不得了的人，一天到晚无忧无虑，你认为船到桥头自然直，没啥好怕的。如此乐天知命，天底下恐怕像你这么乐观的人已经不多了。

选C——你成天迷迷糊糊的，记性又不好，总是要别人提醒你才会有危机意识，但是一会儿之后，又完全不记得危机意识是什么东西了！

选D——你的确很有危机意识，跟你在一块儿的人也被你影响而充满危机意识。

第5章 领导那些微手段

——管人用人心理学

男女搭配，干活不累

| 心理学关键词：异性效应 |

在宇航员、野外考察人员等一些工种比较单一的男性职业中，时间久了，从业人员会患上一种“怪病”。在航天宇宙飞行中，有半数以上的男性宇航员会产生一种“航天综合征”，出现头痛、眩晕、失眠、烦躁等症状，服用任何药物都无济于事；无独有偶，很多前往南极考察的澳大利亚科研人员也出现了同样的病症：晚上失眠多梦，白天昏昏沉沉，试用了多种治疗方案都丝毫不见起色。

后来，经过调查研究表明，这是由于“性别比例失调严重，导致异性气味匮乏的结果”。于是，美国医学博士哈里教授向美国宇航局提出建议，在每次宇航飞行中，挑选一位健康貌美的女性参加；一些国家也有意安排一两名女性参加南极的考察队。于是，航天员和考察员们所患的“怪病”便不治而愈了。

俗话说：“男女搭配，干活不累。”在日常工作中，团队如果由适当比例的异性组成，员工的工作热情相对高涨，不易感到疲倦和厌烦。这便是心理学上“异性效应”的作用。“异性效应”既不是指亲密的夫妻关系，也不是指男女之间日常的一般性接触，而是指异性在工作、学习、娱乐中，为了加深了解而进行的接触交流。这种交流是男女双方为了事业进步、丰富人生、感情愉悦而进行的有益活动，是男女之间基于健康交往基础之上的一种心理反应。

在企业管理中，管理者可以适当调整工作中男性与女性的比例，达到互助的效果，从而提高工作效率。因为男性与女性在思维、体力、心理等方面都存在着差异，合理搭配可以产生互补作用。如男性比女性更具有体力和耐力，女性则比男性更为细心；男性习惯于线性思维，对事情比较专注，习惯于循序渐进，而女性则习惯于并行思维，喜欢同时解决几个并行的问题，两者互补，相得益彰。

尽管“异性效应”能起到积极向上的作用，但也不能滥用。日常工作中，在与异性交往时一定要把握好尺度。女性外表漂亮优雅，在异性面前容易把事情办好，这是值得肯定的，但如果利用色相去引诱他人，以求达到某种目的，这便是不道德了；男性对漂亮的异性态度热情一些，这原也无可厚非，但如果过于殷勤，让女性觉得他别有企图，那就得不偿失了。

不想干活啊。
①

大家都不想干活啊。
②

这可怎么办，大家开会都没精神。
③

俗话说的好“男女搭配，干活不累”。我有办法了。
④

这是我们新聘请的漂亮女主管。
⑤

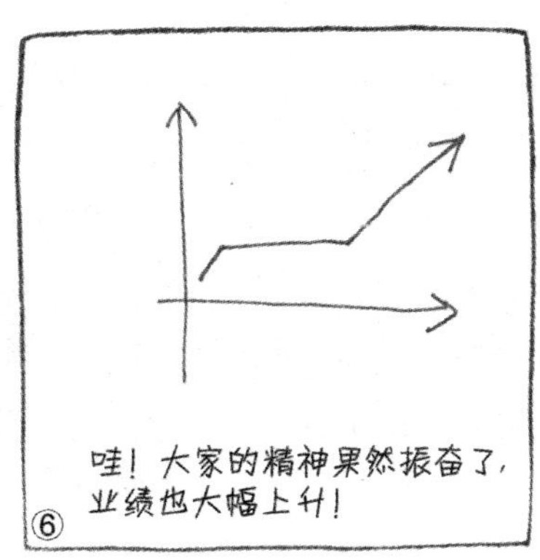
哇！大家的精神果然振奋了，业绩也大幅上升！
⑥

身教甚于言教

| 心理学关键词：模仿效应 |

模仿，是有意或无意地对某种刺激做出类似反应的行为方式，也是人类社会一种常见的互动形式。古希腊哲学家亚里士多德认为：模仿是人的一种自然倾向，是人的本能之一。心理学家塔德认为：模仿是社会进步和发展的基本原则。

在日常生活中，模仿的内容和形式是多种多样的，不仅有行为举止的模仿，而且有思维方式、情感取向、风俗习惯以及个人性格的模仿。模仿无处不在。在家里，孩子会模仿父母的语言、行为；在学校，学生会模仿老师的语言、行为；在职场，下属会模仿领导的行为方式。

模仿有时是人无意识中的模仿，有些是有意识的模仿。有意识的模仿也有不同的原因。有的人为了适应社会生活而模仿他人，有些人是经过思考后进行选择性的模仿，这种模仿有合理的也有不合理的。

美国行政管理学家切克·威尔逊曾说：如果部下得知有一位领导在场负责解决困难时，他们会因此信心倍增。在职场中，领导者总是员工目光的焦点。这种追随的目光包含着多层含义。用目光追随领导，希图获得领导的关注；用目光追随领导，希望能察知领导的喜好，从而投其所好；此外，还有就是为了模仿而追随的目光。

在联想发展过程中，曾经有这样一件事。联想有一条规则，开20人以上的会迟到要罚站一分钟。这一分钟是很严肃的一分钟，不这样的话，会没法开。第一个被罚的人是柳传志原来的老领导。罚站的时候他本人紧张得不得了，一身是汗，柳传志本人也一身是汗。柳传志跟他的老领导说，你先在这儿站一分钟，今天晚上我到你家里给你站一分钟。柳传志本人也被罚过三次，其中有一次他被困在电梯里，电梯坏了，咚咚敲门，叫别人去给他请假，结果没找到人，最后还是被罚了站。

正是柳传志的这种以身作则，联想的其他领导人和下属都以他为榜样，自觉地遵守着各种有益于公司发展的“天条”，才使得联想的事业得以蒸蒸日上。

心理测试：你是什么样的领导

你的一位部下新上任没多久，你发觉他偷懒，工作不力，令同事之间互相猜忌，考虑过后，你决定把他解雇，这时你会怎么做?

A．叫助手告诉他已被解雇

B．叫他进办公室，然后直接把他辞退

C．以温和的语气和外交辞令向他解释，他实在不适合在公司工作

D．把他解雇，然后安抚其他下属，叫他们安心工作

答案解析：

选A——被动的领导风格。你逃避面前困难，虽然这种作风并非完全没有效，但如果要成功地采用这种领导方式，你的助手必须十分精明干练。

选B——独裁的领导风格。你不能忍受别人犯错，一经指示便希望别人一丝不苟地把工作做得最好。这是一个传统的管理方法，但是在讲究人性化管理的今天已较少有人沿用，因为这类的主管较少受人爱戴。

选C——民主的领导风格。你和属下之间相当友善。每次要使用权力时便踌躇不前，虽然能顾及下属的自尊和士气，人人工作愉快，但是你部门的工作效率肯定不是全公司最高的。

选D——队长风格。一方面你懂得在适当时刻运用权力，尽量和下属保持合作，一方面又能提高士气，极尽怀柔，令每位下属都觉得自己是队伍中的一分子。队长风格，就是今天在科学管理方式上认为最理想的领导者风范。

无论好坏都要及时给予反馈

| 心理学关键词：反馈效应 |

心理学家罗西与亨利曾经做过下面一个实验：

他们将一个班的学生随机分为三组，一天的学习之后，他们会对每组学生都进行一个测验。不同的是，实验者会每天都把第一组学生测验的结果告诉他们；对第二组学生则会每周告诉他们一次；而对第三组学生，实验者则从来没有告诉过他们测验的情况。

八个星期之后，实验者改变实验方法，将第一组学生与第三组学生对调，第二组不变，然后按照同样的方法又进行了八个星期的教学。结果发现，除了第二组稳步地前进，继续有常态的进度外，第一组与第三组的情况大为转变：即第一组的学习成绩逐步下降，而第三组的成绩则突然上升。

这说明及时知道自己的学习成果对学习有非常重要的促进作用。并且是即时反馈比远时反馈效果更大。心理学家将这一现象称为“反馈效应”。

原日本松下电器总裁幸之助就深谙这一道理。有一次，他们一行六个人在一家餐厅吃牛排。吃过之后，松下让助理去请烹调牛排的主厨过来，他甚至还特别强调说：“我只找主厨，不见经理。”聪明的助理看到了松下吃剩下的一半牛排，非常担心那个主厨的命运。

听到大名鼎鼎的松下要见自己，主厨战战兢兢地走了出来，见到松下之后，他很紧张地问道：“先生，是不是牛排有什么问题，它不合你的口味，对吧？”没有想到，松下却略带愧疚地说：“没有，牛排的味道很独特，真的很好吃。但是，我只能吃得下去一半，原因不是因为你的厨艺，是因为我已经80岁了，胃口没办法和以前比了！”

主厨和其他所有的人都困惑地面面相觑，松下看着一头雾水的他们，接着说：“我之所以想当面跟你谈谈，是因为我担心，当你一会儿看到只吃了一半的牛排被送回厨房的时候，心里会难过。”主厨听了他的话之后，感慨万分，在以后的工作中更加努力，他做出的食物受到了越来越多人的喜爱。

那么，在管理工作中，我们的领导者也要懂得运用这一效应，不管是好的结果，还是不尽如人意的工作状况，都要及时反馈给属下，这样才能有效地提高员工的工作积极性，或及时改变员工的工作状态。

助理. 去请烹调牛排
的主厨过来。

我只找主厨，不
见经理。

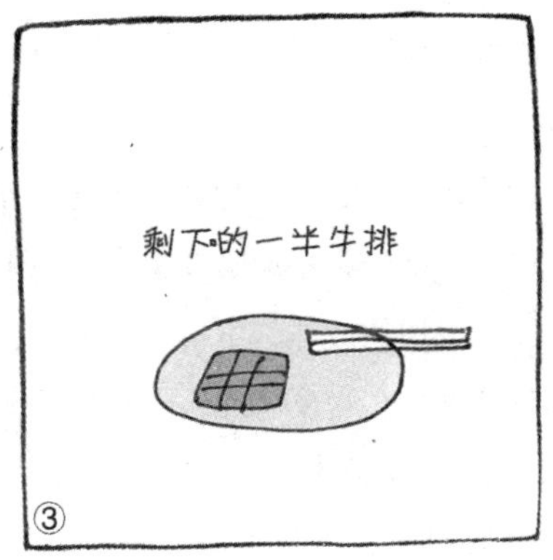
剩下的一半牛排

忐忑啊

牛排的味道很独
特，真的很好吃。

好感动啊
但是，我只能吃得下
去一半。

不当行为容易引起下属逆反

| 心理学关键词：逆反心理 |

在职场中，领导者可能对下属产生逆反心理，下属也可能对领导者产生逆反心理。产生逆反心理的原因，从主观上讲，可能是下属本身固有的态度障碍，也可能是下属特有的人格障碍——偏执型人格。从客观上看，领导者的一些不当行为也会引发下属以下几种逆反心理。

◆ 超限逆反

古希腊著名哲学家德谟克利特指出："为人过度的时候，最适意的东西也会变成最不适意的东西。"在有些领导者的观念中，似乎耐心反复是增强领导效果的重要手段，殊不知机械无变化的反复是逆反心理的突出诱因。心理学研究表明，在缺乏新异信息刺激的条件下，人的高级神经活动就会由兴奋转入抑制（这就是生理学说的"负诱导"）形成"超限抑制"状态，人们就会出现注意力分散，产生厌倦情绪和疲劳感。

◆ 情境逆反

情境逆反是指下属对于本来应该接受的引导与劝告，由于引导、劝告的时机、场合不合时宜，下属"关闭心扉"予以抵制的现象。从心理学的角度来看，这是因为态度结构中的情感因素往往制约对认知因素的容纳。也就是说，当下属在情感状态良好、心情愉悦时，他可能接受平时不能接受的东西。反之，当他因某种情境情感状态焦躁、沮丧、抑郁时，他就可能拒绝本来能够接受的东西。因此，为了避免下属的这种逆反心理，领导者在领导工作中一定要了解环境，采取适当的领导方式。

◆ 自主逆反

心理学的研究表明，在一个健全人的身上，存在着一种趋向自主并试图摆脱外部控制的倾向，或者说这是自觉不自觉地维护他的"自主"地位，不愿听任何别人的干预和支配。在职场中，下属的自主逆反心理的强弱往往与下属的成熟程度有密切关系。在下属尚不完全具备充分完成各项任务的能力与信心时，其自主逆反心理较弱；相反地，当下属逐渐成熟时，由于具备了相当的能力与工作的信心，自主逆反心理也逐步增强。

瘦瘦，你一直表现不错，我看好你哦！加油。
好的！
①

经理，看我今天穿的衣服好看吗？
好看！
②

看我的鞋子好看吗？
好看！
③

那我是不是很帅呢？哈哈！
帅啊！帅得惨不忍睹！
④

包括你说的话也美妙得令人呕吐！
晕！
⑤

看！经理逆反了吧！
⑥

让下属感到“南风”的温暖

| 心理学关键词：南风法则 |

法国作家拉封丹有一则寓言：

一次，南风和北风在半空中相遇了，可是它们谁也说服不了对方让步，一时僵持不下。这时，它们同时看见路上的行人，于是决定打个赌，看谁能将行人身上的大衣脱掉，就算谁获胜，就刮它那个方向的风。

北风首先发威，顿时冷风凛冽寒冷刺骨，行人为了抵御北风的侵袭，把大衣裹得更紧了；南风则徐徐吹动，顿时风和日丽，行人觉得春暖全身，开始解开纽扣，继而脱掉了大衣。南风轻而易举地获得了胜利。

这则寓言故事告诉我们：温暖胜于严寒，温情往往比冷酷更能打动人心。在生活中，我们可以承受严厉的斥责，却难以抵抗温柔的劝说；我们在强硬的态度面前往往会不依不饶，丝毫不为所动，而在和颜悦色的劝说下，却能够网开一面，做出让步。后来，人们根据这个寓言总结出了企业管理领域中的“南风法则”。

“南风法则”也称为“温暖法则”，它要求管理者用情感激励下属，要尊重和关心下属，以下属为本，多点“人情味”，尽力解决下属日常生活中的实际困难，使下属真正感受到领导者给予的温暖，下属就会更加信任企业，会对企业更为忠诚，更加积极地为企业创造丰厚的利润。

在运用“南风法则”方面，日本企业的做法引人关注。在日本，几乎所有的公司都很注重人情味和感情的投入，给予员工家庭般的情感抚慰。日本企业家深谙“刚柔相济”的道理，他们在严格执行公司章程的同时又以真挚的情感感动员工，尊重他们的个人偏好，关心体贴他们的日常生活。日本著名企业家岛川三部说：“我经营管理的最大本领就是把工作家庭化和娱乐化。”索尼公司董事长盛田昭夫也说：“一个日本公司最主要的使命，是培养它同雇员之间的关系，在公司创造一种家庭式情感，即经理人员和所有雇员同甘苦、共命运的情感。”

可以说，“情感激励”是企业管理的重要软性投资，做好情感激励，能够激发员工的工作热情，增强员工对企业的忠诚度，减少由人员的流动而带来人力资源成本。如果管理者能够让员工感受到真情，他们就会带着快乐喜悦的心情投入工作，并将这份感动与快乐传递给顾客。顾客接收到这种喜悦的情绪后，自然会对企业的产品产生良好的印象。所以，真挚的情感激励往往比制度化的薪酬激励更为有效。

心理测试：测测你的领导力如何

有一天在路上，你遇到失去联络的旧日情人，你们相约到附近的咖啡厅去坐坐，除了聊聊目前的生活之外，难免谈起以前的时光，这时候，你最怕旧情人提起什么？

A．两人刚认识时的甜蜜回忆　　B．分手时的感觉

C．当初介入你们的第三者　　D．一次出国旅行的经历

答案解析：

选A——你的领导才能会发挥在小团体，一旦人变多了、关系变得复杂了，你就会掌控不住，甚至招致民怨，“宁为鸡首、不为牛尾”应该就是对你领导力如何的最佳说法了。

选B——你在团体当中通常是一个帮大家做事的角色，你的生活哲学是“平生无大志，只求有饭吃”，随遇而安的个性，让你完全没有名利之心，觉得照顾好自己最实在。

选C——你有领导的才能，可惜却没有领导的气度。想要让一群人对你服从，可不是很有才华就可以的，你必须懂得唯才是用、能屈能伸、善用智谋，如果只有勇气和冲劲，那是远远不够的。

选D——你是天生的领导者，有指挥群众的天分和魅力。你并不会刻意表现出自己的野心和企图心，但是大家自然就会找你解决问题，喜欢和你在一起，可能就是因为你有一股王者的风范吧！

精神激励比物质激励更重要

| 心理学关键词：过度理由效应 |

一个少年在遭遇妈妈的严厉批评后赌气离家出走了。他在外面待了一整天，又冷又饿。傍晚时候来到一位老人的小吃店。老人看到他后就给他端来了一碗馄饨、一盘子小笼包。男孩望着热气腾腾的饭咽着口水小声说："我没有钱！"老人说："没关系，这是我送给你的。"少年狼吞虎咽后，老人问他："这么晚了，你怎么不回家啊？你妈妈会着急的。"少年倔强地说："她才不会着急呢！是她把我赶出来的呢！"男孩随后说："奶奶，您真好，我妈妈要像您一样就好了。"老人笑着对他说："我只是让你吃了一顿饭，你就对我感激不尽，你妈妈养育了你这么多年，你怎么就不知道感激她呢？"

"过度理由效应"是一种典型的社会心理学现象，即：每个人都习惯于为自己和别人的行为寻找一个充足的理由，而在寻找理由的过程中，往往先找那些显而易见的外在原因。当这个外在原因能够合理解释行为的时候，人们一般就不再深究更深层次的原因了。

"过度理由效应"是由心理学家德西通过实验的方式发现的。1971年，德西招募了一批大学生，将他们分为两组，测试他们在哪种情景下，能够维持对解题的兴趣。在实验的第一阶段，德西让两组的被试者自由解题，不提供任何奖励；第二阶段，第一组被试者每解一道题目，就能获得1美元的报酬，第二组仍然没有任何报酬；第三阶段，德西告诉他们这是自由休息时间，大家想做什么就做什么。

试验结果显示，第一组在得到报酬时解题十分努力，然而在不能获得报酬的休息时间，明显失去了对解题的兴趣；第二组在无奖励的休息时间，仍然对解题抱有浓郁的兴趣。这个实验说明：人们习惯为自己的行为寻找外界的理由，一旦这个理由消失，便会对先前的行为兴趣索然，热情不再。

"过度理由效应"给人们两种启示：一个是不要止步于任何外部理由，而要深入发掘外部理由背后的原因；另一个是，当我们需要对方保持某种一贯的行为时，就不需要为他的行为附加过多的外部"理由"。这一点对职场中的管理层尤为重要。也就是说，如果管理者希望员工能够保持对工作的热情，就不要给予他们过多的物质激励，而要用精神激励的方法。

最近表现不错，给
你加薪20%。
谢谢，经理！
①

方案做得很好，继
续加油，过段时间
给你加薪！
好的！
②

灰猫，经理说要我好好工
作，过断时间给我加薪。
那你就好好工
作吧！
③

这么长时间，经理怎
么还不给我加薪，工
作都没心情！
④

瘦瘦同志工作勤奋
授予工作模范的
称号！
⑤

经理这么表扬我，我
要努力工作。
⑥

戴“高帽”是一项有效的激励机制

| 心理学关键词：授人荣誉定律 |

有一个京官要到外地任职，临行前，去向老师拜别。老师说：“地方官不容易当，你要小心谨慎为好。”京官说：“老师放心，我准备了一百顶高帽，逢人送一顶。这样，肯定不会出什么问题。”

老师听了很生气，当场训斥他：“吾辈为官，不可搞邪门歪道，哪有像你这样办事的？”京官说：“老师这话很对，不过当今这个世界上，像老师这样不喜欢戴高帽的，能有几个？”老师听了，转怒为喜，点点头说：“你这句话倒也说得很对!”京官从老师那里辞别出来后，笑着自语说：“我的一百顶高帽，如今只剩下九十九顶了!”

这虽然只是一个笑话，却说明了每一个人都喜欢别人给自己“戴高帽”。在职场中，如果管理者擅长给下属“戴高帽”，就可以收到意想不到的效果。

怀特先生是纽约一家公司的经理，他手下有一位技师，专门负责打字机和机器运转。这位技师总是喋喋不休地抱怨工作繁重，自己需要一个助手。怀特先生不想招聘新员工，他该怎样做才能让技师不再抱怨呢？后来，他想出了一个绝妙的办法：给那位技师分配了一间单独的办公室，门牌上写着技师的名字和头衔“服务部主任”。如此一来，技师从地位较低的技术员摇身一变成为一个部门的主任。从此，技师比以前更加勤恳地工作，尽管每天所做的工作跟以前毫无差别，但他再也不抱怨、不发牢骚了。

一个毫无实利的头衔竟然能达到这样的效果，真是令人惊奇。究竟是什么原因会让一个头衔产生这样的结果呢？

心理专家分析说，授人荣誉和头衔，能够唤起人们无上的荣誉感，满足了人们希望高人一等的虚荣心，从而促使他们的行动与授予者的期望趋于一致。这便是“授人荣誉定律”。

头衔虽然是虚的，但它却有十足的诱惑力。很多人可能不记得小学时都学过些什么东西，但如果他曾担任过“少先队大队长”、“学习委员”之类的差事，那这些头衔却会让他记忆一生。小孩子尚且如此，更何况成人呢？成人有着更强烈的自尊的需要、自我实现的需要。

老师，
我就要去外地
任职了，向您告别。
①

到外地不容易哦。
谨慎为好啊。
老师放心，
我准备了100顶高帽，
逢人送一顶哦
②

不可搞歪门邪道，
哪有像你这样办
事的啊？
③

老师这话很对，
不过当今这个世界上，
向老师您这样不喜欢
戴高帽的，能有几个啊？？
④

嘿嘿~~，这倒是。。
⑤

我的100顶高帽，
如今只剩下99顶了。。。
⑥

留给员工表达的机会

｜心理学关键词：倾听法则　缄默效应｜

在职场中，面对领导，下属大都愿意挑对方喜欢的、能够迎合对方的话来说，尽量避免说让对方不快或有可能降低自身价值的话，这就叫“缄默效应”。“缄默效应”其实是人际中用沉默来表达不满的一种反抗形式。

小李半年前从一个名牌大学毕业后，应聘到现在的公司。他凭着扎实的专业基础，很快就被提升为技术部经理。可是，任职时间不长后，他发现技术部里的下属都像吃了哑巴药一样，每当他就技术方案向下属征求意见时，下属不是说挺好，就是说没问题。他很纳闷。经过暗中调查后才明白了其中的原委。原来，小李上任后在部门内部开了几次技术方案研讨会。部门老员工老何一向说话慢吞吞，有一次在会上，小李听了两分钟都没有明白老何想要说什么。为了节省时间，他中止了老何的发言。还有一次，小杨在会上积极发言，表达也很清楚，但是，小李听了两句就明白了小杨的想法行不通，就同样中止了小杨的发言。这样几次之后，部门里的下属就认为小李“刚愎自用”，从此开始在方案研讨会上保持缄默。

在这个案例中，当下属在表达自己的看法时，小李却使用强迫手段使下属终止了他们的表述。那么，小李不仅因自己的主观臆断而没有得到正确的、真正的信息，而且给下属留下了十分恶劣的印象。部门内部的这种“缄默效应”其实是小李一手造成的。如果他让这种“缄默效应”一直保持下去，他可能就失去了对部门内部关系场的驾驭能力，最终，他就很可能会被排除在外了。

作为职场中的管理者，要想使自己的管理行之有效，就要重视倾听这一沟通的方式。心理学家们认为，主动倾听的方式对改变下属的行为十分有效。因为倾听下属讲话，能使对方感到领导十分重视自己的意见，产生被承认的满足感，从而加深彼此的信任感，是密切领导与下属关系的重要手段。倾听下属对工作的看法和建议，能有效地激励下属的工作热情，增加其参与意识和进取意识。倾听能使领导者发现自己和下属在工作中存在的问题，及时纠正；同时也可及时了解下属的需求、期望、忧愁和不满，加强沟通。此外，倾听还能集中更多人的智慧，开阔眼界和思路。

×××大学
终于毕业了...
①

技术部
经理
②

我们都积极发言
③

好了，你别说了，
我知道了...
我的想法是...
④

不用说了...
我知道了...
我的想法是...
⑤

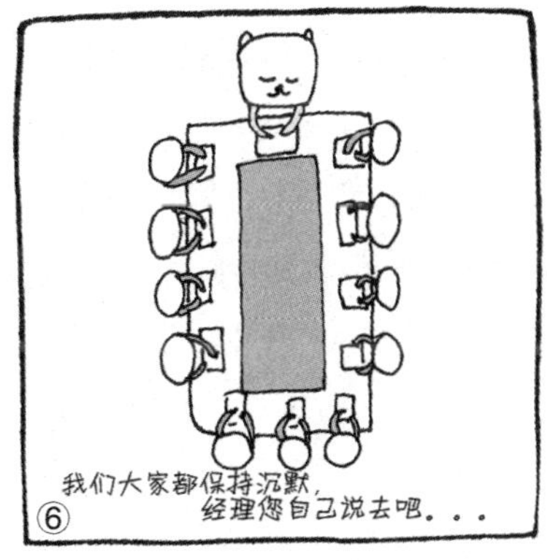
我们大家都保持沉默，
经理您自己说去吧...
⑥

创造公平的工作氛围

| 心理学关键词：公平需要 |

在职场人中很多人都希望得到“公平”的待遇，往往内心感觉到“公平”的员工，他们对工作的满意度也会比较高。美国心理学家亚当斯曾提出过一个“公平理论”，来描述员工的这种感受。

它的要点是：每个人都具有从工作中得到产出以及为达到这样的产出需要做出投入的认识。这里的“投入”指的是工作数量、质量、技术水平、智慧、资格、经验、技能、教育和努力等，而“产出”则是指报酬、福利、荣誉、地位、对工作本身的兴趣等。

这种特定的投入、产出一旦被人认知，就会产生对比和权衡，形成产出投入比率。亚当斯相信：一个人总是有意或无意地将自己的投入和产出与他人的相比较。下面的等式就是这一比较在心理上的表达：

个人投入／报酬＝他人投入／报酬　或目前投入／报酬＝原来投入／报酬

很明显，如果等式成立，人们就会觉得满意，进而努力工作；相反，人们就要想些办法来促使它重新达到平衡。

员工最常用的办法是改变投入，减少投入量或时间，领导最常用的办法是改变产出，增加产量。采用说服或其他方法改变他人的投入、产出或者干脆改变比较的对象也是员工和领导常采用的办法。还有的人采用阿Q精神，改变比较的方式，这也是可行的。但最为不可取的办法是完全放弃比较或采用捣毁人际关系等办法来恢复平衡。

此外，亚当斯在公平理论中强调，因为所有的比较都发生于人们的头脑中，所以这种比较往往是不客观的。领导者就应该做更多地解释和透明工作，创造一种公平的工作气氛，让每个人都感觉到自己得到了公平的待遇。

在职场上，
很多人都希望得到公平的待遇...
①

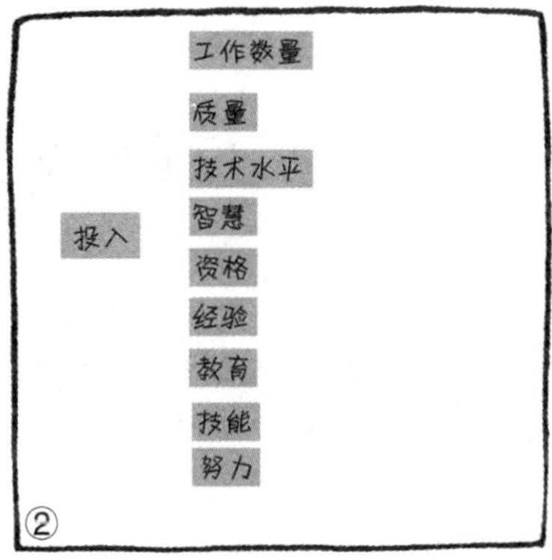
投入
工作数量
质量
技术水平
智慧
资格
经验
教育
技能
努力
②

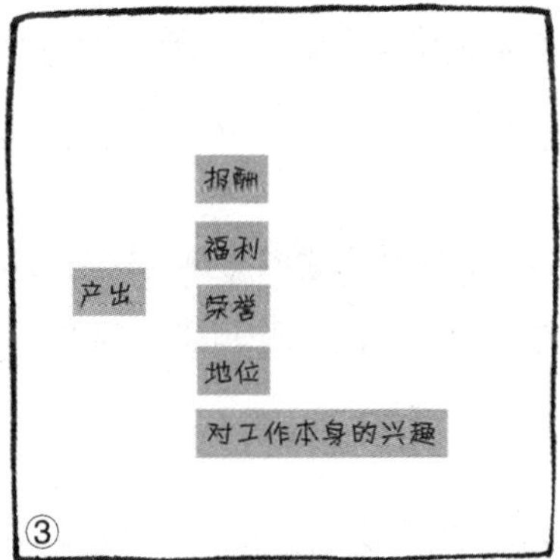
产出
报酬
福利
荣誉
地位
对工作本身的兴趣
③

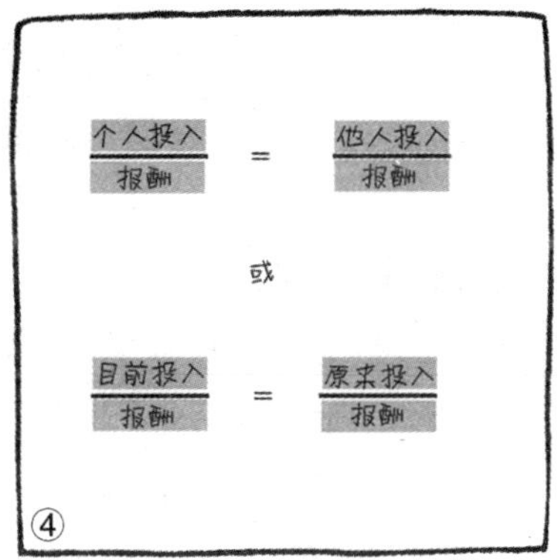
个人投入 / 报酬 = 他人投入 / 报酬
或
目前投入 / 报酬 = 原来投入 / 报酬
④

我最常用的是改变投入减少投入量或时间...
我最常用的方法是改变产出，每增加产量...
⑤

最不可行的办法是完全放弃比较或采用捣毁人际关系等办法来恢复平衡...
⑥

员工因何抵制企业的变革

｜心理学关键词：安全感｜

社会发展瞬息万变，一个公司、企业要能够生存、发展、壮大，并不断趋于成熟，不断取得成就，就必须依据外部环境及内部环境的变化而适时调整企业的目标与结构，不能一成不变。然而，当一个企业的变革提上日程，并开始筹划实施时，有一些人会额手称庆，但总有一些人会站出来强烈地反对。这些反对者持反对意见的原因是什么呢？

有心理专家研究表明，这些人之所以持反对意见，是与他们内心的安全感有关系的。在变革之前，人们的工作常常是熟悉的、稳定的，因而就会形成一种心理上的安全感。当人们面临变革时，这种职业认同就会受到一定影响。为了捍卫自己心理上的安全感，这些人就会对变革产生抵制的想法。

面对阻碍变革的种种原因，必须采取有效的办法来推进变革，使企业获得继续生存的空间。

◆ 让反对者参与进来

心理学研究表明，人们对某项事情参与的程度越大，他就越会承担责任，把这件事当做自己的事来做。因此，当有关人员能够参与到变革的设计和讨论中时，抵制的情况就会较少发生，变革就容易顺利进行。

◆ 合理安排变革的时间与进程

一般来说，领导常常低估充分实施变革所需要的时间，他们没有认识到大部分工作是密切配合的。职工之间、职工与上级之间的连锁关系模式是需要一段时间才能建立起来的。因此，管理部门和领导要清楚地懂得人际关系会影响变革速度的道理。

◆ 恰当处理个体对变革的抵制

心理学家认为，个体的行为是由很多因素决定的，这些因素的力量通常是相对平衡的。作为管理者，可以根据个体的具体情况，认真分析个体抵制的原因，并根据原因采取恰当的方式来消除抵制。

◆合理利用群体动力

群体成员在群体中，很大程度上会受到群体的影响。在组织变革中，如果能充分发挥群体的作用，就会比较容易地改变个体，进而使整个群体发生变化，使组织变革顺利进行。

公司要变革啦。。。
我们都不同意！！
①

老猫们为什么
不服从我的改革？
他们害怕变动。
②

他们害怕跟不上时代，
没有安全感呗。
为什么？
③

那你为什么不服从？
我也没有安全感。
④

你怎么会赶
不上时代？
这倒不是，
我怕一变动，
我就要去干累活儿了。
⑤

我晕晕~~~~~
⑥

为何人多反倒力量小

｜心理学关键词：责任分散效应｜

1964年3月13日夜3时20分，在美国纽约郊外某公寓前，一位叫朱诺比白的年轻女子在结束酒吧间工作回家的路上遇刺。当时她绝望地喊叫："有人要杀人啦！救命！救命！"听到喊叫声，附近住户亮起了灯，打开了窗户，凶手吓跑了。当一切恢复平静后，凶手又返回作案。当她又叫喊时，附近的住户又打开了电灯，凶手又逃跑了。当她认为已经无事，回到自己家上楼时，凶手又一次出现在她面前，将她杀死在楼梯上。在这个过程中，尽管她大声呼救，她的邻居中至少有38位到窗前观看，但无一人来救她，甚至无一人打电话报警。这件事引起纽约社会的轰动，也引起了社会心理学工作者的重视和思考。人们把这种众多的旁观者见死不救的现象称为"责任分散效应"。

对于"责任分散效应"形成的原因，心理学家进行了大量的实验和调查，结果发现：这种现象不能仅仅说是众人的冷酷无情，或道德日益沦丧的表现。因为在不同的场合，人们的援助行为确实是不同的。当一个人遇到紧急情境时，如果只有他一个人能提供帮助，他会清醒地意识到自己的责任，对受难者给予帮助。如果他见死不救会产生罪恶感、内疚感，这需要付出很高的心理代价。而如果有许多人在场的话，帮助求助者的责任就由大家来分担，造成责任分散，每个人分担的责任很少，旁观者甚至可能连他自己的那一份责任也意识不到，从而产生一种"我不去救，由别人去救"的心理，造成"集体冷漠"的局面。

在职场中，如果要求单个个体独自完成某项任务，个体的责任感会很强，他会做出积极的反应，因为一个人干活，干好干坏责任都要自己承担，人们往往会竭尽全力；如果由一个群体共同来承担责任，那么群体中的个体就会产生责任分散的心理效应，群体中的每个个体的责任感就会明显减弱，面对困难或者遇到责任往往就会退缩，而且还容易出现偷懒现象，总想着自己不出力或者少出力，而指望靠别人的努力得到好处。这样工作效率会明显下降。在这种状态下，"人多力量大"的法则就被改写了。

因此，职场中的管理者不能简单地依据人数的多少来计算效率。两个人挖一条水沟需要两天，四个人合作却不一定能够一天完成，可能是四天，也可能永远完不成。这也告诉我们，在具体的实践中，要善于组织管理，通过一些制度、法则来加以约束，将责任落实到实处，这样就会减少群体中个体不负责任的行为，提高整体的工作效率，避免人多反而办不成事的不良后果。

当然，“责任分散效应”在权力分配中可以起到正面的作用。如果不想叫一个人权力过分集中，那就把权力分配到几个人身上，这样产生的直接后果就是，各个权力人都想说了算，又都不能说了算，这样便于总体制衡，不使权力失控。

心理测试：测测你的责任感有多强

假日到公园里享受悠闲时光，你通常会选择什么地方坐着来消磨时间？

A. 能看到人来人往的小径坐椅上　　B. 柳树垂杨的湖畔边

C. 找个公园或像样的地方露宿街头　　D. 枝叶繁茂的大树底下

答案解析：

选A——你时常会把许多大小事情揽在自己身上，有时不该是你责任范围的事，也不知为何全落到你的头上来。你需要学习如何适时拒绝，或者表达出自己的反对意见。

选B——你还算是有责任感的人，但是并不会去承担一些没有的责任。只要是自己分内的事，或者是自己犯的错误，你会站出来负责到底，找办法补救。

选C——有点小聪明的你，很懂得求救示警，每当有事情发生时，第一个会让你想到的解决之道就是找人帮忙，当然这也算是一种负责任的方式，不过可能会有些人觉得你不能负责，而想推卸给其他人。

选D——你最怕别人叫你负责，只要是必须肩负重责大任的工作，你总是会考虑再三，能不要就不要。

在最薄弱的环节下工夫

｜心理学关键词：水桶定律｜

一只水桶盛水的多少，并不取决于桶壁上最高的那块木板，而恰恰取决于桶壁上最短的那块木板。

与“水桶定律”相似的还有一个“链条定律”：一根链条跟它最薄弱的环节有着相同的强度，链条越长，就越薄弱。这二者之间有着很明显的相同之处，它们说的都是任何一个组织都可能面临的问题：构成组织的各个部分往往是优劣不齐的，而劣质的部分往往又决定整个组织的水平。而且想要完全克服最薄弱的环节是不可能的。因为按照“水桶定律”，薄弱环节是必然存在的，而且永远存在。如同一根链条总会有一节比其他的环节要薄弱一些，尽管它可能比另一根链条中的任何环节都强。强弱只是相对而言的，因此也是无法消除的。

这个定律不免会让管理者沮丧、泄气，但是，如果善加利用，也能够规避其不利之处。也即是说，在一个过程中必须要下工夫抓薄弱环节，否则整体工作就会受到影响。所以，对企业而言，领导的用人策略显得尤为重要。

策略一：积极发现和利用下属的长处。管理者是管理人才的伯乐，正如美国管理学家卡特所说：“管理之本在于用人。”用人的策略不在于如何减少别人的短处，而是如何发挥人的长处。

策略二：给下属展现特长的机会。用人之长容易，难的是发现人之长。领导者在做出用人的终端抉择之前，应该先听听下属对自己的评价，由下属来认定自己的特长和“特短”。当下属的自我认识和领导者对他的认定之间出现明显的认识误差，并由此而产生行为误差时，领导者应该在条件允许的情况下积极为下属提供自己选择最能发挥特长的工作机遇。

策略三：敢于选用下属有争议的特长。这是精明领导者在用人过程中必须具备的基本素质之一。由于人们认识客观事物的立场、观点、方法不尽一致，认识水平和切身利益迥然不同，在对某个被使用对象的特长和“特短”做出评价时，势必会出现一些明显的误差或认识伸缩度。对于某些颇有才干的下属来说，否定了他的特长，也就否定了他的人生价值。因此，一个审慎的领导者，决不轻易否定一个下属的特长，就像决不轻易否定下属自身一样。

①

哪个桶装水多啊?
②

想啊想啊想啊。。。。
③

我觉得这个
装水多。。。
④

我觉得这个装水多。。。
⑤

你回答对了哦。。。
这个装的多哦。。。
⑥

不可同时设置两个标准

| 心理学关键词：手表定律 |

很久以前，有一群猴子生活在森林里，每天太阳升起的时候，它们就外出找寻食物，太阳落山的时候就回洞里休息，日子过得平淡而有规律。

一天，一名游客在穿越森林后把手表落在了树下的石头上，猴子“猛可”捡到了它。聪明的“猛可”很快就弄明白了手表的用途，从此，“猛可”成了整个猴群的明星，每只猴子都向“猛可”请教确切的时间，整个猴群的作息时间也由“猛可”来规划。“猛可”逐渐树立起威望，当上了猴王。

“猛可”认为自己能做猴王全是因为手表给自己带来了好运，于是它每天在森林里巡查，希望捡到更多的手表。于是，“猛可”又拥有了第二块、第三块手表。

但“猛可”却没有因此而带来更好的好运，相反，这些手表给它带来了麻烦。因为每只手表的指示的时间都不尽相同，究竟哪一个才是确切的时间呢？“猛可”被这个问题难住了。当有下属来问时间时，“猛可”支支吾吾回答不上来，整个猴群的作息时间也因此变得异常混乱。过了一段时间，猴子们实在忍受不了就起来造反，把“猛可”推下了猴王的宝座，“猛可”的收藏品也被新任猴王据为已有。但很快，新任猴王也面临着“猛可”不知准确时间的困惑。

这就是著名的“手表定律”：只有一只手表，可以知道时间；拥有两只或更多的表，却无法确定几点。更多钟表并不能告诉人们更准确的时间，反而会让看表的人失去对准确时间的信心。

在职场中，“手表定律”对领导的启示，就是对于分配给下属的任何一件事情，不能同时设置两个不同的目标，否则这件事情将无法完成；对于同一个下属，不能由两个以上的人同时来指挥，否则将使这个下属无所适从；而对于一个企业，更是不能同时采用两种不同的管理方法，否则将使这个企业无法发展。

此外，在做群体决策时，由于每一个人都拥有话语权，如果各执己见，都认为自己“手表”的时间准确，那么，最后必然难以达成一致，这不仅降低决策效率，还会使群体决策沦为利益划分和妥协的工具。所以，在群体决策过程中，最终的决策者一定要掌控好“意见收敛”，使大家的意见逐渐向真理靠拢，以事实为依据，以事物发展规律为准绳，最终找到正确的答案。

①

我捡到一块手表，
好高兴哦。。。。
我可以根据时间
来安排作息了。
②

你当大王吧。
③

我又捡到三块哦、、、、嘻嘻。。。
④

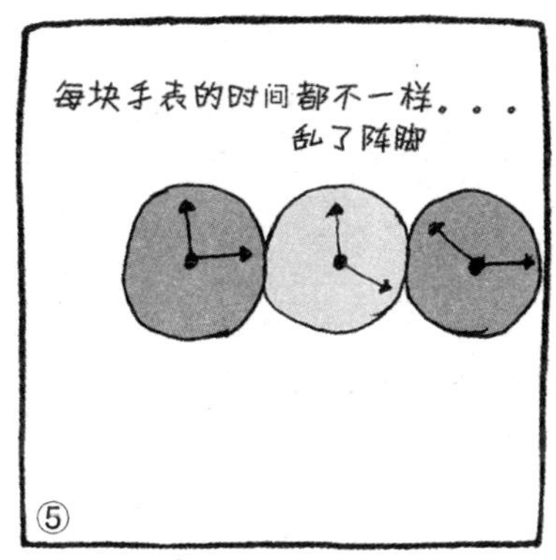
每块手表的时间都不一样。。。
乱了阵脚
⑤

你还是别
当大王了。
⑥

激发员工的参与意识

| 心理学关键词：参与意识 |

20世纪30年代，美国心理学家梅奥提出了著名的“社会人”假说。他认为，人们的行为并不单纯出自追求金钱的动机，还需要管理者能够满足自己获得尊重、自我实现等方面的社会需要。因此，管理者应该把员工当做“社会人”来对待。

后来，管理者在“社会人”假说的基础上，提出了“参与管理”的新型管理方式，让员工不同程度地参加企业决策的研究和讨论。20世纪50年代末，管理学家麦格雷戈等人，提出了“自动人”的人性假设，认为管理者可以在适当的条件下采取参与式管理，让员工们在与自己相关的事务上享有一定的发言权。

所以，在现代企业管理中，激发员工的参与意识，让他们参与公司的管理和决策，是提高公司效率的重要途径。具体可以从以下几个角度去实施。

表示支持“参与”的态度——领导者要经常和参与者保持接触，确保他们的工作状况一切正常，如果遇到什么问题，就明确向他们表示自己是支持他们的，并尽可能将自己掌握的一些资源提供给他们。

提供参与的机会——在企业管理的过程中，有很多事情都是可以让下属参与的。作为领导，要为下属多创造机会，鼓励他们参与。

有效的征询意见方式——管理者适时采用征询意见的方式，也能够有效地激发员工的“参与意识”。美国心理学家雷德曾说：“对部下不能用命令的方式，而要用询问的方式。”

但是，在鼓励参与决策的过程中要注意避免出现以下几种问题。

避免越轨行为。人的性格、思想和品行是千差万别的，所以不能排除个别居心叵测的人会恶意利用参与的机会。为了避免出现负面影响和一些越轨行为，企业领导一定要画一个纲领性的圈，将参与者的参与范围、参与行为等圈定在一个大的范围内。

适时进行合理的引导。人无完人，谁都难免会在一念之差下干出一些不正确的事情来；而不同的人，对决策的理解也是不同的。因此，作为企业领导者，不能在权力下放后就撒手不管，还要对员工进行一些必要的、合理的引导。要多和参与员工面对面沟通，将他们引向一个正确的道路上。

办公室
谁捉住老鼠，
就归谁？

经理

真的吗？
当然。。。

不是只有一只老鼠吗？

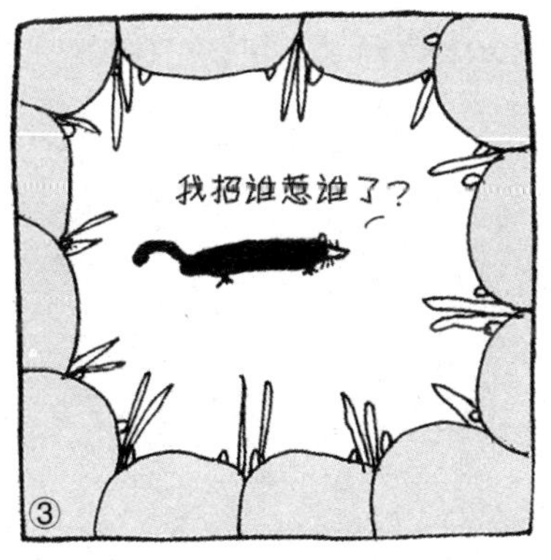
我招谁惹谁了？

这叫众人拾柴
火焰高。。。
不对，
这叫群猫
出动捉鼠多。

给员工积极的心理暗示

|心理学关键词：罗森塔尔效应|

美国著名心理学家罗森塔尔和雅各布森于1968年进行了一项有趣的研究。他们到一所小学，在一至六年级各选三个班的儿童进行煞有介事的“预测未来发展的测验”，然后实验者将认为有“优异发展可能”的学生名单通知教师。其实，这个名单并不是根据测验结果确定的，而是随机抽取的。它是以“权威性的谎言”暗示教师，从而调动了教师对名单上的学生的某种期待心理。8个月后，再次智能测验的结果发现，名单上的学生的成绩普遍提高，教师也给了他们良好的品行评语。这个实验取得了奇迹般的效果，人们把这种通过教师对学生心理的潜移默化的影响，从而使学生取得教师所期望的进步的现象，称为“罗森塔尔效应”。这个实验从本质上来说，它所体现的就是心理暗示的作用。

其实，人的判断和决策结果，是由人格中的“自我”部分，在综合了个人需要和环境限制之后作出的。这种决策和判断就是“主见”。一个“自我”比较发达的人，通常就是我们所说的“有主见”的人。但是，人没有完美的“自我”，所以“自我”的部分缺陷，就给外来影响留出了空间，给别人的心理暗示提供了机会，人们会不自觉地接受自己喜欢、钦佩、信任和崇拜的人的影响和暗示，作为“自我”的缺陷的补充。

心理暗示有积极的和消极的之分。积极的心理暗示，会使对方进步得更快，发展得更好。反之，向一个人传递消极的心理暗示则会使人自暴自弃，放弃努力。

所以，在职场中，领导层可以利用“罗森塔尔效应”给员工积极的心理暗示，促使员工更有活力，对待工作更有激情。

今天我们请心理学家
花猫小姐给大家做测试。
3班
讲台
①

小黑，
你未来会成为经理。
成绩表
②

小白，
你未来会成为老师。
波斯猫，
你未来肯定会
成为市长……
③

你将来是个乞丐!!!
五花猫姐姐，
我将来或成为什么呢？
④

我晕晕~~~~~
⑤

哦，小时候的情景入梦了。
我不是乞丐耶，可是黑猫真成了经理，
白猫也成了老师，波斯猫当了市长……
难道这就是所谓的罗森塔尔效应？
⑥

增加员工的“心理收入”

| 心理学关键词：马斯洛的自我实现需要 |

在职场中，有一种很普遍的现象：很多工作年限长，薪酬待遇优厚的员工并不快乐，对企业的满意度也不是很高；作为付出优厚薪酬待遇的领导方，也很不满意，因为员工的忠诚度不高，甚至经常跳槽。这究竟是为什么呢？

美国著名的心理学家马斯洛提出，人有一系列复杂的需要，按其优先次序可以排成梯式的层次，主要表现为五类，即生理需求、安全需求、社交需求、尊重需求和自我实现需求，依次由较低层次到较高层次，当某一层次的需要得到满足之后，另一层次的需要才会出现。

由此来看，企业中的员工在为了生存而奋斗时，物质就是最好的激励因素；而当生存问题解决以后，物质就退居次位，而对安全感、爱、归属感、受尊重的需要，则占据主要地位。

其实，从广义的角度看，企业的薪酬体系除了经济性报酬，即企业付给员工的工资、奖金、各种津贴和福利等外在的报酬，还应该包括非经济报酬，即工作保障、身份标志，给员工更富有挑战性的工作、晋升、对突出工作成绩的承认、培训机会，弹性工作时间和优越的办公条件等内在的报酬。这对于员工来说，就是一种心理收入。

所以，企业要掌握一些方法来增加员工的心理收入。

提供良好的工作环境——良好的办公环境一方面能提高员工的工作效率，另一方面能确保员工们的身心健康。

明确员工的发展方向——如果一个人的职业计划不能在组织内实行，那么这个人迟早会离开这家企业。

增加精神奖励——对于实力不济的中小企业来说，这是最能产生双赢效果的激励方法。

营造企业内部良好的人际关系氛围——据有关调查，有相当一部分员工的离职原因是因为公司内部员工的人际关系不和引起的。人们从事工作不仅仅为了挣钱和获得看得见的成就，对于大多数员工来说，工作还满足了他们社会交往的需要。所以，友好的和支持性的同事会提高对工作的满意度。

加油
①

升我为公司主管了
主管
②

经理办公室
首先你要懂得尊重。
在管理方面的智慧有哪些？
③

然后是精神嘉奖。
什么是精神嘉奖？
④

就是升职，比如说，你干得不错，我任你小组长。
⑤

那升我为董事长吧！
晕
⑥

别让“晕轮效应”模糊了你的判断

| 心理学关键词：晕轮效应 |

俄国著名的大文豪普希金狂热地爱上了被称为“莫斯科第一美人”的娜坦丽，并且和她结了婚。在普希金看来，一个漂亮的女人也必然有非凡的智慧和高贵的品格，然而事实并非如此。娜坦丽容貌惊人，却与普希金志不同道不合。当普希金每次把写好的诗读给她听时，她总是捂着耳朵说：“不要听！不要听！”相反，她总要普希金陪她游乐，出席一些豪华的晚会、舞会，普希金为此丢下创作，弄得债台高筑，最后还为她决斗而死。普希金之所以会如此，是因为他受到了“晕轮效应”的影响。

“晕轮效应”可以在多方面产生作用。在人际交往中，人们可以突出自己优秀的一面，借“晕轮效应”使自己得到大家的欢迎；在求职面试中，可以借“晕轮效应”使自己在面试官面前轻松过关。但是，对于企业中的管理者来说，“晕轮效应”却是最该避免的。

美国一家化学公司，花了2.5亿美元在印度尼西亚新建一座工厂，然后将该工厂的重担交给了远在巴西另一家工厂负责的管理者。公司总部对此人十分放心，认为他来自发展中国家，熟悉这些国家的基本国情，又精于技术，应该能够处理好日常工作，所以没有派人前去主持全面工作。但是，此人是一个只懂得技术而不懂市场经济和公共关系的人，连起码的定价策略都说不出个所以然。所以，公司无谓的“放心”酝酿了不良的结果，最后工厂迟迟不能开工，开工后产品也很难卖出去，最后总部只好忍痛割爱，将这家工厂搬到了另外一个国家，但这期间的成本消耗却已覆水难收。

之所以会如此，全都是“晕轮效应”惹的祸。这位管理者在技术方面有杰出表现，人们很自然地会认为他在其他方面也有同样的杰出能力，这种主观臆断造成公司总部对人才缺乏全面的了解，最终影响了这家企业的决策。

所以，企业的领导在真正了解一个人之前，切不可太轻信事先得到的信息，更不可凭一时的感觉来做出判断。只有全面地了解人才、认识人才，才能有效地管好、用好人才。

我爱上了粉红猫。
可是粉猫不是一只好猫啊
①

她长得那么漂亮，怎么不好？
看来是晕轮效应在你身上发生了作用。
②

你听过普希金的故事吗？
没有
③

普希金和"莫斯科第一美人"娜坦丽结婚。
④

虽然娜坦丽漂亮，却和普希金志向不合，经常吵架，而且娜坦丽还有了外遇。
⑤

最后普希金在和情敌的决斗中死去。
普希金
⑥

管理员工中的“仙人掌”

| 心理学关键词：酒与污水效应 |

仙人掌作为一种植物，具有非常强的耐旱性。它还对人类有着很多种益处，它可以做菜食用，也可以入药医用，不仅如此，近年来，人们还研究发现，仙人掌能够抗辐射。由此，仙人掌又成为职场白领办公桌上必不可少的摆设。但是，仙人掌有刺，稍微不慎撞到它身上，你就会被刺痛。

其实，有这么一类人，他们就是职场中的“仙人掌”。他们有着卓越的才能，对企业有着很强的影响力，企业的发展与他们密切相关，但是，也由于“仙人掌”本身能力超强，因此在他们眼里，企业已不再是传统意义上为员工遮风挡雨的“屋檐”，而是个人知识技能开花结果的“土壤”，是舞出自己最美步伐的“舞台”。所以他们一般不会把上级当成自己的“救世主”，也不会把企业当成自己的“家”，而习惯于把上级看成“职业发展伙伴”，把企业看成施展才能的阵地。面对这种状况，企业领导者陷入管理上的两难。如果按照旧有的管理模式和管理习惯去管理这些“仙人掌”，会导致“两败俱伤”：企业的核心人才流失，企业发展受到影响；“仙人掌”频频跳槽，其职业生涯规划不能顺利实现。如果放松管理，稍有不慎又会出现“酒与污水”效应。

“酒与污水”效应是管理学上的一个有趣的现象：将一匙酒倒进一桶污水，得到的是一桶污水；把一匙污水倒进一桶酒里，得到的还是一桶污水。换句话说，污水和酒的比例并不能决定这桶东西的性质，真正起决定作用的就是那一勺污水，只要有它，再多的酒都成了污水。

企业中的“仙人掌”有可能就会成为“污水”。他们可能恃才无恐，到处搬弄是非、传播流言、破坏组织内部的和谐。最糟糕的是，他们像果箱里的“烂苹果”，如果你不及时处理，它会迅速传染，把果箱里其它苹果也弄烂。组织系统往往是脆弱的，是建立在相互理解、妥协和容忍的基础上的，它很容易被侵害、被毒化。破坏者能力非凡的另一个重要原因在于，破坏总比建设容易。当企业内部有一个你无法驾驭的“仙人掌”时，如何对待这只“仙人掌”就成了考验领导者智慧的一道难题。

小花猫总爱搬弄是非，应该开除他。
①

可是他很有能力。
②

他简直是一滴污水害了一锅粥。
我觉得他是一盆仙人掌，你明白这道理吗？
③

我明白。
说说看。
④

仙人掌虽然扎人，但是却有助于改善环境。所以对我们是有益的。
⑤

所以我们要好好对待这个问题，让他成为我们的仙人掌，免于成为污水。
哦！
⑥

让目标发挥“灯塔”的效用

｜心理学关键词：灯塔效应｜

每个人都会有这样的感受，当你给自己的学习、工作设立了一个目标的时候，你的学习和工作就变得很清晰、有条理，学习、工作的过程也很快乐，达到目标的成功率也比较高。但是，如果你在学习、工作中时总是漫无目的的，你可能就会发现很多事都混乱无序，既感受不到过程的快乐，也体会不到稍有成就的幸福感。

人生如大海中行船，它离不开灯塔的指引。如果没有了灯塔，就会迷失正确的方向，无法抵挡风暴的侵袭。同样，企业如果没有指引方向的“灯塔”，就会变得鼠目寸光、故步自封。这正是管理大师彼得·德鲁克在《管理实践》一书中提出的“灯塔效应”。他认为，所有组织都会因为目标和获取目标的方式不同而结果不同。企业没有一个长远目标，就不会拥有长久的市场竞争力。

对于企业而言，远景目标是指企业的整体战略，指一个企业在未来几年甚至几十年中，为求得生存和发展而进行的总体性谋划。

一个企业如果有能鼓舞和激励员工的远景目标，就能够召唤人向前，能激发员工内心有意义的价值，并能鼓舞追随者。而员工在一种远景目标的召唤下，会有一种积极向上的热情。员工也会将自己在一个有伟大远景目标的企业中工作当做一件值得自豪的事情。

任何一个企业在从创业到成长的过程中，都会经历发展的高潮与低谷，但是，往往具有远景目标的企业，即使有一天在危机中受到了重创，它也更容易在失败的废墟上站起来，重新焕发出生机，因为它有目标。

有远景目标固然能在企业中起到“灯塔效应”的作用，但是，企业目标的树立和执行却不是一件很轻松的事情。

◆ **企业的远景目标不能遥不可及**

远景目标固然能给人带来无限美好的遐思，但也会让人在靠近它的过程中，因为它的遥不可及而产生懈怠感。所以，管理者要将远景目标划分为一个个明确的短期目标，就如同上楼梯一样，一步一个台阶地拾级而上，朝着最终的目标靠拢。心理学家研究表明：“当人们的行动有了明确的目标时，人们行动的动机就会得到维持和加强，就会自觉地克服一切困难，努力达到目标。”

◆ **让员工清楚企业的愿景目标**

企业在确定远景目标后，不但要让全体员工清楚地知道企业的整体战略，还要让这个战略目标能够代表大家的共同利益，这样员工才能将企业的目标当成自己的目标，尽更大的努力去实现它。

◆ **为企业的远景目标付出实际行动**

没有行动的目标只是空虚的幻想，有一位哲人曾经说过：“远大目标不会像黄莺一样歌唱着向我们飞来，却要我们像雄鹰一样勇猛地向它飞去，只有不懈地奋斗，才可以飞到光辉的顶峰。”

心理测试：你事业的目标是什么?

假如你准备去一个公园里，你最希望在公园看到什么样的建筑物?

A.童话式的糖果屋　　B.充满SPA禅风的木屋

C.有牛有羊的牧场　　D.人文气息的庙宇

E.豪华的独栋的别墅

答案解析：

选A——你不一定不切实际，但是，你有时会有逃脱现实的渴望，与其说你期待在事业上有所成就，不如说你更希望有一个人能成全你、了解你。

选B——你对物质的享受其实并不那么留恋，物质不过是你实现心灵的用具罢了!你在事业上对自己会有“做什么就要像什么”的期许。

选C——你是一个能够同时兼顾理想事业与家庭幸福美满的人，对你而言，事业与家庭有一项不完满，都是莫大的缺憾。

选D——你的事业将不会循着前人铺好的道路规则走，你的内在风格独特，在事业上将有一番不同于社会现状的作为。

选E——你对事业有一番期许，理想高远，希望自己能达到一定的社会地位，另外你也希望自己的经济能力能够同样高人一等。

“鲶鱼效应”给企业注入活力

| 心理学关键词：鲶鱼效应 |

美国一个牧场上，狼群活动频繁，经常吃掉牧民的羊。于是，牧民们联合起来求助政府，希望派出军队将狼群赶尽杀绝。当地政府答应了他们的请求，狼群从此销声匿迹。没有狼的威胁，羊的数量猛增，牧民们非常高兴。但是，几年后，牧民们发现羊的繁殖能力开始降低了，生出的小羊不仅体弱多病，羊毛的质量也大不如从前。牧民们这才明白，离开狼这个天敌，羊的生存和繁殖能力也会同步退化。于是，政府在牧民们的请求下，又将狼群引进牧场。

这种现象在自然界中非常普遍，一种动物如果有了天敌，它就不会在安逸中逐渐退化。在人类生活中，类似的现象也是经常出现的。

“鲶鱼效应”源于一个有关沙丁鱼的故事：

挪威人爱吃沙丁鱼，渔民在海上捕得沙丁鱼后，如果能让它们活着抵港，卖价就会比死鱼高好几倍。但是，由于沙丁鱼生性懒惰，不爱运动，返航的路途又很长，因此捕捞到的沙丁鱼往往在回到码头的路上就死了，即使有些活的，也已经奄奄一息了。但是，捕捞沙丁鱼的渔民中有一位老人，他捕捞回来的沙丁鱼总是活蹦乱跳的，所以，他赚到的钱总比别人多许多。人们多次打问，但老渔民都严守秘密，直到他死后，好奇的人们打开他的鱼槽，发现在众多沙丁鱼中多了一条鲶鱼。人们终于明白了，原来，当鲶鱼被装入鱼槽后，由于环境陌生，它就会到处游动。沙丁鱼看到这个异己分子后，也会处于紧张状态而开始游动，如此一来，老人在返港后，他的沙丁鱼也一直是活的。

在职场中，如果一个组织内部缺乏活力，效率低下，那么不妨引入一些鲶鱼来，让它搅浑平静的水面，让“沙丁鱼”们都动起来。“鲶鱼效应”在组织人力资源管理上的有效运用，会带来出乎意料的效果。首先，当企业不断将一些年富力强、思维敏捷的年轻生力军，引入职工队伍中甚至管理层时，就会给那些因循守旧的老员工带来竞争压力，唤起他们的生存意识；其次，企业如果不断地引进新技术、新工艺、新设备，采用新的管理机制，这样就会激发员工的工作热情和危机意识。运用鲶鱼效应，通过外来个体的“中途介入”，对群体起到竞争作用，这是符合人才管理的运行机制的。

我喜欢吃沙丁鱼。
我也是
①

可是我喜欢吃新鲜的，为什么我鱼缸里沙丁鱼总是死掉？
②

你是不是鱼缸里养了很多？
一百多条。
③

一个鱼缸里养那么多当然会坏掉了。
你的也坏掉了？
④

我的没坏。
为什么？
⑤

我在鱼缸里放了一只鲶鱼，它不停地游动，沙丁鱼被搅得不停动，所以就不会死。
⑥

别拿“热炉法则”不当回事

| 心理学关键词：热炉法则 |

春秋时期，孙武携带自己写的“孙子兵法”去见吴王阖庐。吴王看罢，啧啧赞叹，但还想给孙武出个难题，便要求他用宫女来演练队伍。孙武把180 名宫女分为两队，指定吴王最宠爱的两位美姬为队长，让她们带领宫女操练，同时指派自己的驾车人和陪乘担任军吏，负责执行军法。但宫女们不听号令。孙武便召集军吏，根据兵法，斩两位队长。吴王听说后马上派人传命说：“寡人已经知道将军能用兵了。没有这两个美人侍候，寡人吃饭也没味道。请赦免她们。”孙武则说：“臣既然受命为将，将在军中，君命有所不受。”孙武执意杀掉了两位队长，任命两队的排头充当队长，继续练兵。当孙武再次击鼓发令时，众宫女的行为全都合乎规矩，阵形十分齐整。

孙武治军之所以出现这样的奇效，是因为他让这些女兵明白了什么叫“热炉法则”。

当你去碰触一个烧红的火炉时，就会立刻受到烫伤的惩罚——这是现代管理学中有名的“热炉法则”：火炉是烧红着摆在那里的，任何人都知道不能去碰触；如果有人敢去碰触，那么必然要被烫伤；烫伤在时间上是即时的；烫伤在对象上是普遍的。以上四点隐喻表明，加强制度建设，切实保证制度的贯彻实施，必须处罚以身试法者。

奖励和惩罚是对人的行为的外部强化或弱化的手段，它通过影响接受一方的自身评价，对其心理产生重大影响，从而带来行为的强化或弱化。热炉法则形象地阐述了惩处原则：只有罪与罚能够相符，法与治才是值得期待的结果。

“没有规矩，不成方圆”，一个企业，只有切实贯彻并执行了一套合理的制度，才有成功的保障。“热炉法则”的实际指导意义在于有人在工作中违反了规章制度，就像去碰触一个烧红的火炉，一定要让他受到“烫”的处罚。

这些宫女们在队列中一直嘻嘻哈哈，很不专业。
①

吴王阖闾的军师真是不好当啊。队列不齐，是我号令不清。必须严加管理。
军规
②

三令五申，仍然队伍不齐，是队长之罪。把担任队长的两名宫女拉出去斩首。
③

吴王：军师，我已经知道你的能耐了。千万不能杀本王的爱姬，否则我吃不下去饭。
不行，必须把她们斩首！
④

小瘦猫把担任队长的两名宫女处斩。宫女们很快训练有序，成为战斗力强悍的女卒。但是吴王不乐，把小瘦猫拉出去砍头。
斩
⑤

哦，原来是一场梦。吓死我了。
⑥

小心被孤立
——办公室交际心理学

第6章

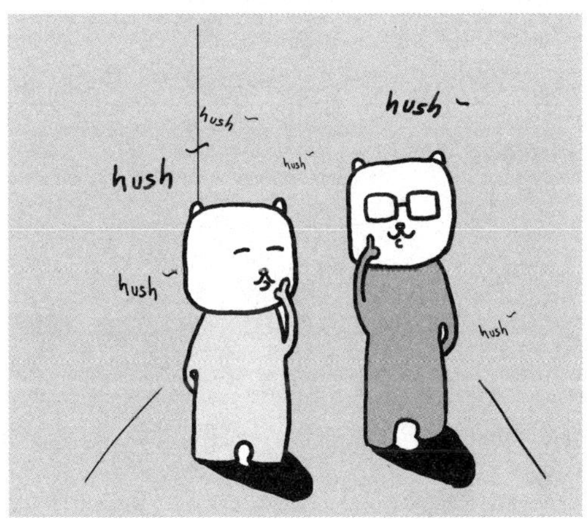

像刺猬一样保持适中的距离

| 心理学关键词：刺猬法则 |

生物学家做了一个实验来研究刺猬在寒冷冬天的生活习性：把十几只刺猬放到户外的空地上。这些刺猬被冻得浑身发抖，为了取暖，他们只好紧紧地靠在一起，而相互靠拢后，又因为忍受不了彼此身上的长刺，很快就又各自分开了。可天气实在太冷了，它们又靠在一起取暖。然而，靠在一起时的刺痛使它们不得不再度分开。挨得太近，身上会被刺痛；离得太远，又冻得难受。就这样反反复复地分了又聚，聚了又分，不断地在受冻与受刺之间挣扎。最后，刺猬们终于找到了一个适中的距离，既可以相互取暖，又不至于被彼此刺伤。

这便是心理学上的“刺猬法则”，也称作“距离效应”，是指人际交往中需要保持恰当的距离，既能保留彼此之间的美好印象，又能避免因为走得太近而带来伤害。

其实，身处办公室的每一个人又何尝不是刺猬呢？大家为了一个目标聚在一起，但又各自是一个独立的个体，都有自己的独特的个性。所以，在相处之道上，也不妨学学刺猬。

领导与下属之间的刺猬关系，领导者如要搞好工作，应该与下属保持亲密关系，但这是“亲密有间”的关系，是一种不远不近的恰当合作关系。与下属保持心理距离，可以避免下属的防备和紧张，可以减少下属对自己的恭维、奉承、送礼、行贿等行为，可以防止与下属称兄道弟、吃喝不分。这样做既可以获得下属的尊重，又能保证自己在工作中不丧失原则。

同事与同事之间的刺猬关系，一位心理学家曾做过一个有关心理距离的实验。在一个偌大的阅览室中，只坐着一位读者，正津津有味地看着手上的书。心理学家走了进去，不声不响地坐在他（她）的旁边，试探对方的反应。这个实验重复了80次。结果，在空旷的阅览室中，没有一个被试者能够忍受一个陌生人紧挨自己坐下。大多数被试者很快就默默地远离到别处坐下，甚至有人干脆明确地质问:“你想干什么？”

这个实验说明了，人与人之间需要保持一定的空间距离。我们每个人都生活在一个孤立的心理空间中，在这个私密的空间里不容许任何人“入侵”，包括伴侣、父母和朋友，更不要说同事了。

“刺猬法则”也告诉我们：距离太远让彼此产生疏远感，不易形成互相合作的和谐氛围；距离太近容易看到对方的缺点，破坏曾经的美好形象，甚至还会伤害彼此。所以，同事和同事之间唯有保持合适的距离，才能维持和谐美好的人际关系。

心理测试：你给人什么程度的距离感

假如你去怪怪夜市逛街一定要吃一种东西，你会选择哪一种？

A．屁味小笼包　　B．馊水地瓜稀饭　　C．狐臭味臭豆腐

答案解析：

选A——你给人是零距离感，就像隔壁家的邻居。你让人有亲切感，就像自己的亲戚、邻居一样，很好相处，无话不谈。

选B——你若即若离，让人有捉摸不定的距离感。情绪非常敏感，常常花很多时间来处理内心情绪。当情绪好的时候可以跳出来和大家打成一片。可是情绪不好的时候，躲在自己的世界里，根本懒得理别人。

选C——你的表情和外形会让人只敢远远地看着你。这类型的人的外表很生涩，尤其是在陌生人面前，这会让人退一步，觉得还是欣赏和观察你比较好，但其实很喜欢你。

"谦虚"更容易让你融入集体

| 心理学关键词：卢维斯定理 |

美国心理学家卢维斯提出："谦虚不是把自己想得很糟，而是完全不想自己。"后来，人们将他的理论归结为"卢维斯定理"。

在人际交往中，人们大多喜欢与品性谦逊的人为伍，那些生性骄傲自大的人很难与他人友好相处。

小武是学管理专业的，毕业前到一家单位见习。在最初的会议上，领导曾表示过希望新来的毕业生们，在见习期内能够结合自己的工作，多提意见和建议。小武非常积极地响应了领导的号召，不到一个月时间，就结合自己所学的专业，写出一份洋洋万言的建议书，从部门设置、工作流程、作息时间等很多方面，找出不少"毛病"，提出了改进意见。之后，领导在大会上好好表扬了他。他也认为自己是科班出身，在管理理论上比别人懂得多，所以，在以后的工作中，对别人的表现常常不仅不屑一顾，而且还指责批评。渐渐地周围的同事都躲他远远的。虽然领导在见习期结束后，让他转正了，可是，周围同事对他的排斥让他主动地辞职离开了。离开前，他在建议书中提到的问题并没有得到实际的改善，而且他自己也发现自己最初的建议太理想化、理论化，根本不切实际。

所以，在人际交往中，适时采取谦逊的态度，不仅能够显示自己的涵养，还能让对方产生亲近感，拉近人们之间的心理距离。因为谦虚的人，会给人以亲切感，更容易取得别人的信赖和尊重。

但是，在竞争激烈的职场中，谦虚不会妨碍我们表现自己的能力吗？其实，卢维斯定理中包含着三方面的内容，即，做人首先需要谦虚，如果将自己想象得过于优秀，就容易忽视别人的长处；谦虚要有个度，谦虚不是完全否定自己的能力和成绩，而是要客观评价自己，看到不足的同时也不要忽视自己的长处；谦虚需要选对场合，对自己确实不懂的地方需要谦虚学习，而对于自己力所能及的工作，不能因过分谦虚而失去施展才华的机会。这三方面内容告诉我们，谦虚需要把握好一个合适的尺度，既不能妄自尊大，也不要自我轻视。

在职场中，大多数人的聪明才智都差距不大。要想成为其中优秀的一员，做法很简单，就是谦虚待人，诚心做事。

办公室
我调任为董事长助理啦!
①

我认为，今后我们应该...
②

大会上，小猫你提的意见很好!
③

大家都离小猫远点!
为什么排斥我!
④

我要辞职了。
辞职信
⑤

原来我提的那些意见很多缺乏可行性啊!
⑥

万言万当，不如一默

| 心理学关键词：古德曼定律 |

清朝时期，有一位宰辅大臣历侍康熙、雍正、乾隆三代皇帝，他就是张廷玉。在我国传统政治中，做皇帝近臣，特别是位高权重的近臣，绝不是一件轻松愉快的事。但是，张廷玉有什么本事在高层政治这一高危区域如履平地，步步高升，成为清代文臣最成功的代表之一呢？除了才学出众、持重得体、勤奋办公、克己恕人等特点外，他为人谨小慎微，谨守“万言万当，不如一默”也是很重要的原因之一。

在职场的人际交往中，与人交谈是必不可少的交流方式，但有些时候，适当的沉默更容易达到交流的目的。

美国加州大学心理学教授古德曼曾提出：“沉默可以调节说话和听讲的节奏。沉默在谈话中的作用，就相当于零在数学中的作用。尽管是‘零’，却很关键。没有沉默，一切交流都无法进行。”人们将他的理论总结为“古德曼定律”，也称为“沉默定律”。

沉默，既是一种无声的语言，又是一门人际交往中的绝妙艺术。有时候，适当的沉默比声嘶力竭的争辩更容易产生震慑的效果。

据说，爱迪生想卖掉一项发明的专利权，然后建造一个实验室。因为不熟悉市场行情，他不知道能卖多少钱。爱迪生便与妻子商量，可妻子也不知道这项技术究竟值多少钱。她一咬牙，发狠心地说：“要两万美元吧。”爱迪生笑着说：“两万美元，太多了吧？”

一个商人听说了这项发明以及爱迪生有出售的意愿后，就表示自己有兴趣购买。在商谈时，妻子恰好不在家。这位商人问到价钱，爱迪生觉得妻子说得两万美元太高，就不好意思开口，只好沉默不语。这位商人几次追问，爱迪生始终不好意思说出口。最后，商人终于忍耐不住地说：“那我先出个价吧，10万美元，怎么样？”爱迪生一听大喜过望，当场与商人拍板成交。

总之，在适当时候保持沉默，不仅可以让你有更多的时间思考别人话语中的含义，减少自己说错话的几率，而且还能让你既了解到别人的信息，又保留了自己的信息，这样就会使对方始终对你保有神秘感，你在人际交往中也更加受人欢迎。

我发明了一台自动美容器，已申请专利。
①

我们把专利卖了吧。
嗯，好的
②

你觉得我们这专利值多少钱？
五万块
③

我要买你的专利，开个价吧！
？...
④

怎么了？十万怎么样？
啊！
⑤

你嫌少？我说的是美金。
成交！
⑥

保密的能力让你更具吸引力

| 心理学关键词：用美好信息自我干预 |

秘密，就是一定时期内不能对人说的一些事情。身处职场中，自己会有秘密、同事会有秘密、领导会有秘密、单位也会有秘密……面对如此众多的秘密，你会怎么办？

秘密，可以给人带来快乐。儿童在6到7岁时就学会不要提前泄露送给妈妈的礼物。英国文学家奥斯卡·王尔德也说过："最常见的事物，只有当你把它藏起来的时候才会叫人高兴。"长期以来，心理学家们也认为保守秘密的能力居于一个人心理健康发展的最中心位置。

此外，研究者们还发现，保守秘密的本事能加强一个人的吸引力。因为他们在实验中发现了这样一个群体，他们将其称为"压抑者"，这些人更能无视或者压抑秘密，也就是更能严守秘密。他们虽然心存秘密却很少生气、很少为金钱发愁或者被噩梦困扰。他们都自我感觉良好，不会为一点小麻烦焦急。心理学家相信，这些人会用美好记忆自我干扰，封锁脑海中令人沮丧的事情。经过一段时间的职场历练，这些人习惯成自然，成为了擅长保守秘密的人。事实表明，这类人更有人缘，更具有吸引力。因为人们在把秘密告诉给他们之后，会很放心。

但是，在面对秘密时，还有这样一类群体。不论对于职业本身要求的保守秘密，还是人事关系之间的保守秘密，他们虽然努力压抑自己不说出秘密，但最后却导致了一种反弹效应，使得他们对心中秘密的顾虑竟然会淹没自己正常的意识，被压抑的想法甚至还会在一些人的梦境中重现。这就是患了"保密焦虑症"。

在紧张的职场中，秘密就像兴奋剂，人们都喜欢拿它来提神。如果你的承受力不够强，就千万不要图一时之好奇去追逐秘密。如果不幸患上了"保密焦虑症"，想发泄出去，除了对最亲密的人讲之外，还可以写写日记，或者对着树洞倾诉一番。

心理测试：职场中你能守口如瓶吗？

如果有一种魔法水果可以套出别人的秘密，你觉得这种水果应该是什么？

A．苹果或梨　　B．橘子或柠檬　　C．樱桃或葡萄

答案解析：

选A——泄密指数30%。表面上看你好像很八卦，实际上你挺能守秘密的。不过你平时过于滔滔不绝或经常抢人话，一些不了解你的人有可能以此对你产生误解。

选B——泄密指数10%。你的保密功夫做得滴水不漏，对别人的秘密能够守口如瓶，朋友们都愿意把心事告诉你，不过不要自我感觉太良好，知道太多秘密有时并不是好事！

选C——泄密指数90%。所谓“大嘴巴”指的就是你这种人！一件事情你知道了，就等于全世界都知道了！尽管有时你也就是图个热闹，并没有什么恶意，可是大家都觉得你很可怕。

嫉妒心理害人害己

| 心理学关键词：嫉妒 |

“我们都是同时进单位的，为什么她只需坐在办公室接接电话，我却要在外面日晒雨淋奔波？”“为什么总是夸她的创意好？”“凭什么她坐办公室里最好的位置？”“那个新人刚进公司凭什么就占了去国外进修的资格？”……类似于这样的牢骚在职场中不绝于耳，其实这些牢骚的背后是发牢骚者的嫉妒心理在作怪。

嫉妒心理是人际关系上的一种社会心理，它产生于差别和比较，是当人感到他人优越而使自己受到威胁时产生的反感、怨恨等情绪体验，它是人们试图缩小和消除彼此之间的差距，使原有关系恢复平衡，维护自我生存发展的一种心理防御反应，一种由羞愧、愤怒、怨恨等组成的复杂情绪状态。

所以，职场人士要掌握一些技巧来减轻自己的嫉妒心理。

客观地评价自己——当嫉妒心萌发时，或是有一定表现时，要冷静下来，尽量客观地分析自己的想法和行为，同时客观地评价自己，找出差距和问题。

心胸开阔——嫉妒心理源于自大、自私，以及过于强的“自我”意识，当产生嫉妒心，并将其付诸行动的时候，往往是从害别人开始，以害自己而告终。

主动酿成快乐情绪——快乐情绪可以治疗嫉妒之心，也就是说要善于从日常的工作、生活中寻找快乐，就像嫉妒者随时随处为自己寻找痛苦一样。快乐是一种情绪，嫉妒也是一种情绪。该让哪一种情绪占据主导地位，那就要靠自己来调整了。

转移注意力——当有事情要做时，通常便无暇去嫉妒别人。所以，可以积极参与各种有益的活动，或者转移环境，使自己真正充实起来。这样嫉妒心便不会孳生和蔓延了。此外，可以运用“酸葡萄心理”自我安慰。

多和亲朋好友交流——当嫉妒心产生后，可以多和亲朋好友交流，谈谈工作上的困扰，能起到非常好的宣泄、开导作用，将心中不满宣泄掉，避免积累。

看到自己的长处，化嫉妒为动力金无足赤，人无完人，每一个人都容易在自己擅长的方面取得成功，所以，看到自己的长处，然后从这个方向去发展，你也会成功的。

小瘦猫，加油！

哼！看你趾高气昂的样子，好什么好。
早上好！
好！

哼！和我一块进的公司，骄傲什么···
胖哥好！

为什么他坐那么好的位置？

胖子，过来！你调任到货场看货。
为什么？

因为你的嫉妒心太强了！

让害羞心理成为过去时

| 心理学关键词：害羞 |

日常生活中，常常会看到这样的现象：有的人在路上碰到熟人却故意躲避；有的人不敢在大庭广众之下讲话，一讲就会面红耳赤；有些人很腼腆，动作忸怩不自然，说话声音小……这些现象都是害羞的表现。

除了先天的原因会导致害羞外，后天的原因也是不可避免的。

教育不当。儿童时期的孩子表现出羞怯心理时，父母没有发现并给予积极的引导，也会促使孩子这种羞怯心理逐渐稳定。儿童进入青春期以后，自我意识逐渐成熟，会希望自己有一个“光辉形象”留在别人的心目中。为此，他们在交往中，特别是陌生的场合，会因谨小慎微而表现得极不自然。久而久之便羞于与人接触，羞于在公开场合讲话。此时，如果父母与孩子沟通不畅，也会延误教育的时机。

缺乏自信心。有些人总以为自己没有迷人的外表，没有过人的本领，属能力平平之辈，因此他们在交往中没有信心，患得患失心理很严重，说话做事都要有绝对的把握才行，于是就受控于别人和环境，体验不到自我成功的喜悦，这就更加使他们不相信自己的能力。这种低估自己的认知偏差常常是导致害羞心理的最重要的后天因素。

挫折经历。据统计，约有四分之一的害羞者，小时候在自然状态中长大，长大后却变得害羞了，这可能与遭受的挫折经历有关。

那么究竟该如何对待害羞心理呢？如果能按照以下指导原则，即可达到较好的效果。

◆ 接纳害羞心理

害羞心理是人们的一种普遍心理，只是每个人的程度不同而已。所以，抱着一种“任它去”的态度，将注意力放在工作上，这样反而有助于自己放松下来，害羞心理也就越来越淡了。

◆ 客观评价自身，给自己以信心

英国哲学家黑格尔说过：“人应尊重自己，并应自视能配得上最高尚的东西。”客观看待自己和他人，认清自己的长处和短处，学会欣赏自己，增加交往的勇气，就会表现得更加出色，也就再不会因担心而害羞了。

◆ **不要害怕别人的议论**

仔细分析那些怕在大庭广众中讲话，羞于与人打交道的人，便不难发现，他们最怕别人否定的评价。这样越怕越羞，越羞越怕，形成恶性循环。其实，“哪个人后无人说”，被人评论是正常的事情，不必过分看重。当然，还可将否定评价变成使自己更优秀的动力。

◆ **抓住锻炼的机会**

针对自己害羞的心理，可以有目的地采取一些训练方法。例如在大庭广众的场合，全神贯注地做自己的事情；多结交个性开朗、外向的朋友，学习他们泰然自若的风度举止。在熟人范围里开始多发言，慢慢地在熟人多、生人少的范围内练习，再发展到生人多、熟人少的场合，循序渐进，逐步增加对害羞的心理抗力。

◆ **给自我以积极的暗示**

每到陌生场合自感紧张时，可用暗示法镇静情绪，如把生人当熟人一样看待，害羞心理就能减少大半；再如，告诉自己“我能行”、“我准备得很充分”等。用自我暗示法突破起初的阻力，是克服害羞心理的一种有效措施。

心理测试：你是一个害羞的人吗？

请你替小雪人选一件保暖的衣物，让他感受一下节日的温暖。

A.手套　　B.围巾　　C.上衣　　D.裤子

答案解析：

选A——所有衣物中，手套的覆盖范围最少，由此可见，你的字典中并没有害羞这两个字。害羞程度为零。

选B——和陌生人的应对不错，面对突发的情况或者重要的场合，你的害羞程度会直线上升。害羞程度60%。

选C——你是个害羞内向的人，和不熟悉的人谈话让你容易结巴，出其不意的说话会让你措手不及。害羞程度80%。

选D——你的害羞度十分极端，有时既可做些大胆的举动，也可能坐了半天都不敢说话。害羞程度40%。

增加你在同事、领导面前的“出镜率”

| 心理学关键词：多看效应 |

在生活中，你有没有过这样的体验。你结识了一个相貌不佳的人。最初，你觉得他真难看，可是因某种原因，你们见面次数频繁，你逐渐发现他不那么难看了，甚至会觉得他在某些方面很有魅力。这是为什么呢？

身处职场，你会经常看到这样的现象：那些经常与人聊天，拉拉家常，带点小礼物的同事，是不是人缘比较好？经常在领导身边出现的人，是不是更容易讨领导欢心？这些人从外貌到能力可能都不是很突出的，他们为什么更为受宠呢？

其实这种现象与心理学上的“多看效应”有关。

20世纪60年代，心理学家查荣茨做过这样一个实验：他让参加实验的人看另外一些人的照片。有些照片出现了二十几次，有的出现十几次，而有的只出现了一两次。最后，请看照片的人评价他们对照片的喜爱程度。结果发现，参加实验的人看到某张照片的次数越多，就越喜欢这张照片。也就是说，看的次数增加了喜欢的程度。

另一位心理学家也做过一个类似的实验：在大学里随机进入几个女生寝室，发给这些女生几种口味不同的饮料，然后让她们以品尝饮料为由，在这几个寝室里经常走动，但见面时彼此不能交谈。一段时间后，心理学家评估她们之间熟悉和喜欢的程度。结果表明：相互喜欢与否，与双方见面的次数有很大的关系。见面次数较多的，相互之间喜欢的程度也就越高；相反，见面的次数较少或根本没有见面的，相互之间喜欢的程度也较低。

后来，心理学家便把这种对越熟悉的东西越喜欢的现象称为“多看效应”。

由此看来，如果一个人想改善自己在朋友中间的人缘，就要到朋友家多走动走动，哪怕只是露个面，小坐一会儿。当然，作为职场人士，如果一味地自我封闭，埋头苦干，也不一定会得到很好的评价。如果能够多与同事拉拉家常，多与领导交流沟通，增加你在同事、领导跟前的“出镜率”，那往往会提高你的人际吸引力，也能受到领导的器重。

哇！经理介绍的
这猫，好瘦，一
点也不帅。
①

别气馁，多交往
就是。
②

好像不是
那么难看
③

这次见面感觉
你好精神。
④

亲爱的，
我们结婚
吧！
难道这就
是多看效
应？
⑤

当然不愿
意，你那
么凶。
亲爱的，
你不愿意
？
⑥

悦纳建议也有心理基础

| 心理学关键词：直率　心理防卫 |

每一个人都不是十全十美的，在职场中，为了把工作完成得更好，难免相互之间会提意见。如果你是个直爽的人，可能会想，我这是为了领导或者同事好，直接提出来，总比拐弯抹角地让他们猜好吧。

其实不然，心理专家认为，给领导或同事提建议不要太直率。

从心理学的角度看，直率是人性中最本质的部分。人们普遍认为孩子是单纯的，他们没有受过世俗的污染，处处表现出天然的真实，这大概就是所谓的“天真”。

生活中，我们都喜欢直爽的朋友，期待彼此直来直去，甚至肝胆相照，但往往我们又陷入深深的内心矛盾之中——虽喜欢彼此无话不谈，却又讨厌对方口无遮拦。在生活中尚且不能接受太过直率，更不要说在人际关系需谨慎的职场中了。

心理专家认为，成年人的直率之所以很难被人接受，是因为每个人都会对批评性的建议产生本能的心理防卫，一般而言，建议是针对不足和有待提高的方面，当一个人对自己提出建议，那就意味着对方“抓住”了自己的不足。提建议者直接说出自己的建议后，他心理舒服了，可是，听建议者却很可能怀疑提建议者的动机。所以，在职场中给领导或同事提建议一定要注意方法，这样才能达到提建议的目的。

建议要伴随着肯定——每一个人的做法都有自己的理由，虽然可能不是太好，但总有可取之处，所以，提建议时如果伴随着肯定，就会满足对方的“成就感”，对对方心理也是一种“补偿”，这样对方会更容易接受你的建议。

建议要恰当——提建议就是为了促进工作，所以，要实事求是和有针对性。如果你每次的建议都是三思而后行的结果，那么你的建议就会有较高的“成功率”。

给领导提建议最好用书面形式——书面形式能够更加充分地表达自己的思想，也给领导的思考、接受留下了一定空间和时间。

提建议需要考虑场合——建议容易引起别人的“受挫感”，尤其是处于公共场合或者是在集体会议中，一个建议往往会成为一个批评，让对方感到难堪。所以，提建议者必须区分场合，在涉及他人利益关系的多人场合，更需要用委婉的语气来表达自己的建议。

没见我正忙着呢？
我建议……

你今天还提什么意见啊？
我是为公司好

可是经理今天不高兴啊！

懂不懂得接纳建议的心理基础啊？

我懂，可是经理为什么不高兴啊？

因为你踩他尾巴了。
啊！

我+我们=完整的我

| 心理学关键词：竞争优势效应 |

每个人都希望自己比别人强，没有人愿意承认自己是弱者。当涉及自身的利益时，人们必然会奋力争取，就算两败俱伤也在所不惜；即便是在双方拥有共同的利益时，人们也往往因为优先权而竞争，而不是选择有利于双方的“双赢合作”。心理学家称这种现象为“竞争优势效应”。

心理学家曾做过一个很经典的实验：找来一些参与实验的学生，让他们两两结合，但是不能商量，各自在纸上写下来自己想得到的钱数。如果两个人的钱数之和刚好等于100或者小于100，那么两个人就可以得到自己写在纸上的钱数；如果两个人的钱数之和大于100，如110、120，那么，他们就要分别付给心理学家50元。

实验的结果是：几乎没有哪一组的学生写下的钱数之和小于100。社会心理学家由此认为，竞争是人们与生俱来的一种天性，宁愿独自获得最大利益或者一败涂地也不愿意与他人共享相对较低的利益。因此，人们在面对利益冲突的时候，往往会选择拼个两败俱伤也在所不惜；即使在双方有共同的利益的时候，人们也往往会优先选择竞争，而不是选择对双方都有利的“合作”。

除了天性本如此外，还有没有其他相关的原因呢？

心理学家认为，缺乏沟通也是人们选择竞争的一个重要原因。如果双方就利益分配问题进行商量，达成共识，合作的可能性就会大大增加。假如在上面的实验中允许参加实验的两个学生互相商量，或者通过其他方式使两个人对对方的选择有充分的把握，结果必然会是另外一个样子。

“竞争优势效应”有着很大的消极影响。在职场中，如果同事之间面对共同利益时只是一味地竞争，这只能导致两败俱伤，于企业与个人都只有害处而无益处。

如果想消除“竞争优势效应”的消极作用，就一定要推崇“双赢理论”。合作，是我们这个时代的主旋律。任何一个人，要想实现自身价值，就必须与周围的人友好相处，精诚合作，实现优势互补，在竞争中共同发展。这就是当今时代所推崇的“双赢”。从某种意义上来说，只有“双赢”，才是真正的赢。

著名心理学家荣格有这样一个公式：“我+我们=完整的我”，也就是说，世界上不存在绝对的“我”，只有融入“我们”的“我”才是“完整的我”。在职场上，换句话说，就是只有在保证“我们”共同利益的基础上，才能有“我”的完整利益。“双赢理论” 不仅仅能实现预期的共同利益，更会为双方的发展营造无限的空间。

心理测试：你有团队合作精神吗？

当你就某一个问题与另一个人争论不休时，你会：

A．顽固地坚持自己的看法。

B．再试着沟通一下彼此的想法。

C．坚持自己是正确的，但不会强求对方的认同。

D．请旁观者公平论证。

答案解析：

选A——你是一个很有主见、对自己很有信心的人。或许因你太自信、太主观、自我意识太强烈，使你成为不站在别人立场设想的自大狂。

选B——你有沟通的习惯和观念，表示你很适合团体工作。当然你的人际关系也会因你这种合群的观念而拓展顺利。

选C——你很容易放弃自己的主见和权益，这会让人家觉得你根本不重视这个工作，也不尊重团体中的参与者。你的心态可能是怕和别人形成一种对立状态，加上本身又不善于处理这种敌我关系，所以你选择退缩让步的做法，来逃避这种敌我关系。

选D——以第三者的角度来评断，应该算是个比较客观，且不涉及个人主观意识之争的最好方法，而且也可以避免对立的双方直接面对面地对抗，产生敌对的状态。如果你选择这种方式来说服对方，那就说明你是一个很有智慧，并且是个很有度量的人。

赢得尊重，也要尊重别人

| 心理学关键词：马斯洛的尊重需要 |

美国一位颇有名望的富商，他在散步时遇到一个摆地摊卖旧书的年轻人，他瑟缩着身体在寒风中啃着发霉的面包。富商怜悯地将八美元塞到年轻人手中，头也不回地走了。没走多远，富商忽又返回，从地摊上捡了两本旧书，并说："对不起，我忘了取书。其实，您和我一样也是商人！"几年后，富商应邀参加一个慈善募捐会时，一位年轻书商紧握着他的手，感激地说："我一直以为我这一生只有摆摊乞讨的命运，直到你亲口对我说，我和你一样都是商人，这才使我树立了自尊和自信，创造了今天的业绩……"

有人说尊重是一种修养，有人说尊重是一种品格，其实，尊重是人类生存的一种需要。著名心理学家马斯洛一生中最著名的论述就是需要层次论。在他看来，人是一种"有欲求的动物"，人们会不停地追求各种目标，当这种需要获得满足之后，人们又会产生另外的需要，继续去寻求另外的目标。而且人的需要是有先后顺序的，有一个从低到高的发展层次。

具体而言，马斯洛认为，人的需要主要有以下几个层次：第一，生理需要，即基本生存需要，如对粮食、水分、性、睡眠等的需要。第二，安全需要，如保持生命、财产、职业、心理等安全，免于恐惧的需要。第三，归属与爱的需要，如与他人交往、爱别人和接受别人爱、成立家庭、归属等需要。第四，尊重需要，如自尊、被他人尊重、得到赞许等需要。第五，心理需要，主要包括认知需要、美的欣赏需要、自我实现的需要等。

由此可见，人人都渴望得到尊重。马斯洛认为，当人的尊重需要得到满足时，人就会对自己充满信心，对社会满腔热情，体验到自己活着的益处和价值。

所以，身处职场的人，不仅要有自尊，而且还要尊重职场中的其他人。

好可怜！
①

给你钱！买铅笔。
$
②

他怎么没拿铅笔？
?
③

我刚忘记拿铅笔，其实你和我一样也是生意人。
④

还认识我吗？我是摆地摊的铅笔商。
记得。
⑤

你曾说：我也是生意人。让我有了自尊、自信，使我成为成功的铅笔商。
⑥

不做转移坏情绪的始作俑者

| 心理学关键词：情绪转移定律 |

人是群居性动物，每一个人都会不由自主地将喜、怒、哀、乐等情绪转移给他人，这就是心理学上的“情绪转移定律”。

人的好情绪会转移，坏情绪也会转移。据心理学家研究发现，坏情绪和细菌病毒一样具有很强的传染性，而且传染的速度非常之快。

一位领导在路上被一个酒鬼撞到了，酒鬼跑了，领导生了一肚子闷气。到单位后将向自己汇报工作的男下属臭骂一顿，这位男下属憋着一肚子气回到了家中。吃饭时，妻子同往常一样温和地夹菜给丈夫，丈夫竟说：“我自己没长手吗？你这菜是越做越难吃了！”这时候，平时总让妈妈夹菜的儿子撒娇地说：“妈，我要吃鱼，帮我夹。”妻子转头就是一句：“你自己没长手吗，自己夹！”这时，平时和儿子玩得最好的小猫正朝他摇尾巴，儿子心里窝着火，朝它狠狠踢了一脚。那猫冲到街上，正遇上迎面开来的一辆车，司机为了避让猫，轧死了旁边的一个小孩……

工作中，难免会遇到一些不顺心的事情，如果不愉快的情绪得不到及时宣泄，就会有害身心健康。但是，假如把自己不快的情绪传染给其他同事，就不仅会破坏同事间的和睦关系，而且会造成办公室的“情绪污染”。

我国信息产业的领军人物唐骏在有了消极情绪的时候，就去想自己在这个阶段得到了哪些快乐和收获。三五分钟后就能让自己从坏情绪中摆脱出来。除此之外，唐骏的电脑里存了几百封电子邮件，它们都是同事甚至同事的家人写来的。它们有的温情、有的快乐、有的充满感激，只要读上三五封这样的邮件，他的情绪就会好起来。刚开始是刻意用这种方法宣泄坏情绪，但时间久了就形成了一种习惯。

所以，我们要找一种最好的方式宣泄自己的坏情绪，不要让你的坏情绪影响到别人，以至于造成更大的损害。

啊！我的腿，今天好倒霉！
①

我汇报一下工作···
汇报什么！没看我忙着呢。
②

给老公夹菜！
夹什么，我自己没长手吗？菜这么难吃
③

妈妈，帮我夹鱼！
自己没长手吗？自己夹。
④

呜呜··不吃了！
⑤

哇！好险！
⑥

为何不能做职场“好好先生”

| 心理学关键词：改宗的心理学效应 |

我国后汉时期，有位知名人物叫司马徽，他从不说人家“不好”的话。他与人聊天，涉及评论人物好坏时，总以“好”字相告，因此得了“好好先生”的雅号。有人问他近况如何，他常回答：“好。”有一次，朋友陈述的儿子死了，司马徽不假思索地回答说：“好，那很好。”搞得陈述很沮丧。来宾走后，他的太太责怪司马徽说：“人家以为你是一位忠厚长者，才把不幸的事情告诉你，内心希望你安慰或同情，你怎么能说死了儿子是很好呢？别人听了是多么的难过啊！”这位好好先生听完之后，点着头微笑地说：“好，好！你说的话也非常地好！”后来人们常用“好好先生”来形容那些是非不分，不敢得罪人，只求平安无事的人。

直到今天，在职场上，也有很多的“好好先生”，他们会因为怕得罪人，从而违背自己内心的观点去附和别人的意见；有时候会因为想讨上司的喜欢，就不说出自己真实的想法而只是一味点头……按说，“好好先生”的这些做法会让自己成为大家都喜欢的人，会为自己的人际交往加分，但是，美国社会心理学家哈罗德·西格尔的研究结果却与此相反。

这位心理学家做了一个名为“改宗的心理学效应”的研究，研究表明，当一个观点对某人来说十分重要的时候，如果他能用这个观点使得一个“反对者”改变其原有意见而和他的观点一致，那么他更倾向于喜欢那个“反对者”，而不是一个从始至终的同意者。换言之，人们喜爱那些在自己的影响下改变观点的人，超过喜爱那些一向附和自己观点的人。显然，人们通过和某人辩论、使某人改变观点，这会使他们感觉到自己的能力并有成就感。

人本来就是千差万别的，每一个人不可能永远和别人拥有同样的想法，存在不同意见是正常的，勇于表达自己的观点，不做一位奉承、唯唯诺诺的“好好先生”，才会增加自身的吸引力和受欢迎程度，这就是“改宗效应”蕴涵的心理学智慧。

此外，从“好好先生”的角度来看，由于他们一直默默存在于职场人群之中，久而久之就容易成为大家视而不见的“隐形人”。他们总是因为分担了别人的工作而使自己职责范围内的工作一团糟，而且大部分人从来不敢表现出自己的想法，表达出自己的态度，相信这样的人在职场上是永远都不会有突破，永远都不会成功的。所以，职场中的“好好先生”最终将成为一个碌碌无为的人。

心理测试：你在与人沟通中的缺点是什么？

如果要为自己制作名片，你希望是用什么颜色的纸张和字来搭配？

A. 淡粉色的纸和茶色字体　　B. 白色的纸和蓝黑色文字

C. 淡绿色的纸和深绿色文字　　D. 淡黄色的纸和茶色文字

答案解析：

选A——无论是谁，你都能敞开心扉，平易近人。但正是这种态度，给人留下了处世圆滑的印象。此外，你平和稳重的说话语气也难免造成“老好人”的尴尬局面。培养看人的眼光，可以帮助你避免被骗，建立良好的人际关系。

选B——你头脑灵活，善于随机应变，在团队中深得他人信赖。但是，一些社交辞令让你的口气听上去非常冷淡，好像是在拒人于千里之外。客套话虽然要说，但有时候也不能光说不做，这样你的评价才会水涨船高。

选C——你是一个富有亲和力的人。因此在人们眼中，你的身上似乎没什么惹人嫌的地方。总是以绿叶陪衬对方的你，也许因为太过低调，给人以毫无乐趣的印象。有时候说出自己的意见，反而能为自己增加信赖分。

选D——你有着很强的沟通能力。即便是第一次见面的人，也能做到相谈甚欢。但就是这份八面玲珑的心，让你无法分清楚人际关系中的轻重关系，以至于在交际应酬中疲于奔命。唯有把人脉理顺，分清主次，才能让你获得轻松。

“人气王”的心理学成因

| 心理学关键词：凹地效应 |

在职场中，只要你留心观察，就不难发现，在每间办公室里，总有些人会特别有人缘，大家愿意坐在他们边上，分组时愿和他们一组，出去玩时和他们一队。无论工作还是闲余时间，他们都吸纳着大家的注意力。但是，这些人不见得有丰功伟绩，也不见得个个光彩照人，却为什么能聚集人气呢？

其实，这些人可能在有意无意地使用着“凹地效应”。

“凹地”指的是四周都向其中心倾斜的特殊地形。“凹地效应”，又称“凹地聚集效应”是一种自然规律，即水或者其他某些物质都很容易汇集到凹地中，从而呈现出对某些物质的一种聚集作用。

在职场中，那些“人气王”就是在利用自身的某些特征或优点，在心理上对他人形成一种吸引力，从而达到聚集人气的作用，这就是职场中的“凹地效应”。能形成职场“凹地效应”的特征或优点有以下几个方面。

谦虚——谦虚的人，会给人以亲切感，更容易取得别人的信赖，加上实际工作中适当表现出来的能力，就会赢得别人的尊重。

包容——包容就是将敌对的、消极的、紧张的、不利的因素转化为友善的、积极的、和谐的、有利的因素，我们在包容他人的同时，也在为自己营造着良好的生存空间和有利的发展氛围。

聆听——在职场中，有时候“听”比“说”更为重要。

先利人才能利己——人与人相处和谐的不败真理就是：你够朋友，别人才够朋友。

正面思考——正面思考是指，在遇到挑战或挫折时，人们会产生“解决问题”的企图心，并找出方法正面迎接挑战。反之，负面思考就是一遇到挫折，就被负面情绪打败，从而责怪自己和环境条件，最后选择退缩、放弃或报复。

幽默——幽默是一种生活态度，它用机敏和睿智给人们带来快乐。幽默不单单是引人发笑,而且能给人们心理上带来一种轻松和快慰，幽默是对他人过失的原谅，是对周围环境的喜剧式调侃，也是对自我困境的一种自嘲和解脱。幽默是人际交往的润滑剂，风趣幽默的人很容易成为组织红人。

胖哥好！
哼！我不好。
①

瘦瘦，胖胖总把你当敌人，你为什么对他那么好。
呵呵！
②

我把他变成朋友，就等于赶走了敌人。
你不应该把他当做朋友，应该赶他走！
③

我怎么了？呵呵！
你……
④

化敌为友，懂不懂？
不懂！
⑤

人要学会包容，懂不懂？
可我们是猫耶！
⑥

感恩之心会给你带来什么好处呢

| 心理学关键词：感恩 |

“感恩”是个舶来词，牛津字典所提供的概念解释是：乐于把得到好处的感激呈现出来且回馈他人。感恩心理，实际上是一种认同心理，认同这个世界中一切与你有益的人与事。

感恩心理对一个人在做人上、生活上、职场上的成功非常重要。心理学家安东尼指出：成功的第一步就是先存有一颗感恩的心，对自己的现状心存感激，同时也要对别人为你所做的一切怀有敬意和感激之情。心理医生也认为，治疗对人际关系有障碍的心理病患，最好的药方就是教会他如何感恩。

职场中每一个人都要怀有感恩心理，因为职场的存在依赖于其中的每一个人，其中每一个人的成功都与其他人有着密不可分的关系。

职场中的下属对领导要有感恩心理，因为人活着的意义在于实现自身的价值，职场，就是你实现自身价值的“舞台”，没有这一“舞台”，你就没有施展能力的空间。不仅如此，你还要对挑剔你的领导怀有感恩心理，因为“玉不琢不成器”，正是他的挑剔让你日渐进步，距离你的人生目标越来越近。

职场中的领导要对下属怀有感恩心理，因为“独木不成林”，你开拓了一个空间，如果没有下属为你服务，没有他们的支持，你也难以取得成功。不仅如此，你还要对那些看似“刺头”的下属怀有感恩心理，金无足赤，人无完人，他们坚持自己的思想，试图以此来弥补你的考虑不周，这样你的企业才可以日新月异。

职场中，无论领导还是下属，对你们的竞争对手也要怀有感恩心理，人的能力是在斗争的过程中提升的，一个没有对手的企业、一个没有对手的职场白领是无法成功的，也没有挑战自我的机会。

职场中，那些同坐一间办公室的同事们，也互相存着感恩心理吧，在群体中工作，总有一些人为我们提供了帮助，也许我们还浑然不知。心存感恩，尊重他人的帮助，周围的人就会更乐意亲近你。

人在职场中，怀有感恩心理会让反对你的人理解你，理解你的人支持你，支持你的人忠诚你，忠诚你的人捍卫你。

心理测试：你是懂得感恩的人吗？

天上飘着蒙蒙细雨，你漫步在街头，忽然看到一只小动物无助地卧在地上，闭上眼睛，想一想它是什么动物？

A．一只小狗　　　B．一只小猫

C．一只小白兔　　D．一只小鸡

测试结果分析：

选A——对于命运的内涵，有着深刻的体会，懂得饮水思源，同时有着慷慨富足的内心，会在坦然接受别人的赠予后，及时认真地进行回赠。

选B——好运时似乎忘了命运为何物，倒霉时就感叹上苍的不公平，觉得别人对自己的好都是理所应当，而吝啬于付出。

选C——生性谨慎，不管是接受别人的馈赠，还是给予别人帮助，都会小心考量，对得失的计较心很强，这种人往往不会轻易接受别人的恩惠，但是也不会主动给予别人。

选D——在奉献与付出间表现出一种很情绪化的态度，没有很明显的价值观，对得失没有明确定义，对自己喜欢的人，总是不计原则地付出；对自己不喜欢的人，却毫无怜悯之心，哪怕别人曾经给过他莫大的恩泽。

“自我暴露”能帮你获得好人缘吗

| 心理学关键词：约哈里窗户理论 |

职场中，出于各种各样的原因，很多人都不愿意透露自己更多的情况，唯恐自己的弱点、生活中的不如意暴露给别人后会有损自己的形象。殊不知，恰如其分地自我暴露不仅不会损坏你的形象，反而能够赢得别人的信赖和敬重，使你更受欢迎。这是为什么呢？

美国社会心理学家约瑟夫·勒弗特和哈里·英厄姆将这一社会现象称为“约哈里窗户”理论。他们认为，每个人心里都存在四个区域：自己了解、别人也了解的“开放区域”；别人了解、自己却不了解的“盲目区域”；只有自己了解、从未向人透露的“秘密区域”；自己和别人都不了解的“未知区域”。

心理学研究表明，人与人之间的交往状况好坏与否，在很大程度上取决于相互之间“自我展示”的程度。人与人的交往是一个互动过程，我对别人开放的区域越大，往往容易获得对方相一致的开放区域。一般情况下，关系越密切，人们的自我暴露就越广泛、越深刻。因此，自我暴露的广度和深度，成了测量人际关系深浅的“尺度”：自我暴露的层次越深，说明双方的交情越深，关系越融洽；相反，如果对方对自己的私生活讳莫如深，则表明他对你心存戒心，并没有把你当做他的知心朋友。所以说，多向对方袒露心扉，就容易获得别人的好感。

此外，还有心理学家研究表明，自我暴露可以增加个体被接纳的程度。有位电影明星在一部新片中扮演主角后，受到了评论界的指责，他因此变得心情忧郁。“我再也抬不起头来了，我怎么熬过这种可怕的日子呢？”他对心理专家诉苦道。专家听了之后，只给他一条建议：把你自己内心中这些最隐秘的想法，主动暴露在大家的面前。这位电影明星照办了，他举行了三次记者招待会，于“瑟瑟发抖”中暴露了内心中的自我。没过多久，他就卸掉了思想上的包袱。由于他的真实流露给记者们留下了深刻的印象，他又成为大家心中“令人喜欢的人”，记者们重新以同情加赞许的笔调报道了他。

自我暴露虽然是人际交往中的润滑剂，但是也要注意方法。因为无论两人之间的关系多么密切，每个人心中都有一些不愿为任何人所知的秘密。所以，自我暴露要掌握一定的技巧和分寸。

为什么花猫是万人迷呢？
因为她懂得适当暴露。

哦！什么叫适当暴露啊？

喂，你在干嘛？

你不是说要适当暴露自己吗？
我说的是心理暴露

晕！

你的自我防卫心理“过度”了吗

| 心理学关键词：过度防卫心理 |

随着社会的发展，职场中的竞争越来越激烈，总有一些人会败下阵来。有些人在遭遇职场挫败后，会调整自身并重新崛起；而有的人在职场挫败下就会产生怯懦和很强的自卑感，开始紧张不安、烦躁、焦虑或抑郁，为达到心理平衡，他们往往采用过度的防卫手段，将对自身的不满投射到他人身上，把“我讨厌自己”转嫁成“别人讨厌我”，从而形成工作、生活中的“过度防卫心理”。

一般而言，如果你有以下几种表现，就说明你可能陷入“过度防卫心理”的怪圈了。总是莫名其妙地感觉周围人对自己有敌意，却例举不出充分的证据,而自己内心却因为这种感觉而焦虑、紧张；明知错了却要坚持，听不进别人的意见一意孤行，以“自我”为中心；经常给别人贴“她就是会巴结领导”、“他就是在故意和我作对”、“他就爱嫉妒人”等这样的标签,慢慢开始排斥那些被贴了负面标签的人，并时刻防御着被这些人算计；对很多事情看不顺眼，看着就觉得别扭；一个人总是频频跳槽，而且跳槽的理由多是“我感觉在那里不舒服”；身在职场，却不善于与同事合作，而且很难融入团体中……

“过度防卫心理”是一把双刃剑，既伤别人，也伤自己，所以，有必要对自己的心理做以适当调整，让自己享受快乐的职场生活。

了解自己，接受自己——每天晚上睡觉前，对自己做一个心灵的洗礼。可以回想这一天所做的事情以及当时的感受。对于好的感觉，给予自己鼓励，对于诸如失望、愤怒等感受，给予自己安慰和疏导。

根据自身环境和具体情况，确立一个适合的短期目标——经过努力而达到目标，经常鼓舞自己，提高心理的满意度。

开始与周围同事进行有限度的合作——毫不设防的合作，如果后果不佳，就有可能滑入过度防卫的一端。

学会自我解嘲地安慰自己——胜败乃兵家常事，职场中也一样。

学会欣赏他人——每一个人都有自己的优势与劣势，不要拿自己的劣势与别人的优势相比，却也要懂得去欣赏别人的优势，这既是对自己也是对他人的客观态度，如果能学习他人优势并化为自己的力量，那你将有更多机会成为职场胜利方。

你怎么回事？做事不认真。
①

你看，哈哈！
你俩笑我？
②

没有，我们哪敢啊！
哼！
③

你为什么藐视我？
没有啊！
④

你干嘛低着头？
我……
⑤

小瘦，你心理防卫过当了吧！
⑥

拒绝完美，犯点小错更可爱

| 心理学关键词：犯错误效应 |

社会心理学家阿伦森设计了一个实验：在一个竞争激烈的演讲会上，有四位选手，两位才能出众，几乎不相上下；另两位才能平庸。才能出众的选手中有一位不小心打翻了桌上的咖啡，而才能平庸的选手中也有一位打翻了咖啡。实验结果表明：才能出众而犯了小错误的人被视为最有吸引力；才能出众而未犯错误的人吸引力居第二位；才能平庸而犯同样错误的人最缺乏吸引力。

这种现象在心理学上被称为“犯错误效应”，也叫“白璧微瑕效应”，即小小的错误反而会使有才能者的人际吸引力提高，白璧微瑕比洁白无瑕更令人喜爱。人们为什么会有这种心理呢？

心理学上对此提出了两种解释。一种是，人们通常都喜欢结识一些品行能力都很优秀的人，但是如果他们表现得过于完美，没有一丝瑕疵，又会给人一种不真实的感觉。对于这样的形象，人们不是真正地接纳和喜欢，而是一种保持距离的敬而远之。

另一种是从人的自我价值保护的角度进行阐释的。通常情况下，人们都喜欢有才能的人。但是，大多数人都不喜欢充当配角，如果对方能力超群，所有的鲜花与掌声都给了他，自己跟他站在一起，只能作为陪衬，显示自己的卑微。时间久了，谁都不会喜欢这样一个时刻提醒着自己的无能与低劣的对象。可是，一个犯小错误的能力出众者则降低了这种压力，缩小了双方的心理距离，保护了他人的自尊，因而也赢得了更多人的喜爱。

由此看来，职场中那些杰出的白领完全可以拒绝完美。

职场中的很多白领们总以为，自己把问题或是困难尽量想得面面俱到，就能使自己的工作更加完美。自己在工作中不出一点错，领导一定会很欣赏自己，而且前途也会有保证。其实不然，“犯错误效应”就显现了完美无缺并不能受到包括领导、下属在内的所有人欢迎。而且，如果在工作中凡事力求尽善尽美，一旦结果不尽如人意，就很容易陷入悔恨自责中，沮丧消沉的情绪会持续很长时间。心理专家表示，有完美主义倾向的人最容易产生焦虑感，而长期焦虑也更容易引发强迫症，这对职场白领的身心健康是非常不利的。

心理测试：你是不是完美主义者？

1. 做一件事情的时候，你常常会出现下面哪一类的念头：

A. 我必须做好，否则亲友会失望　　B. 做就做，管那么多干嘛。

2. 你喜欢自己，是因为：

A. 我很优秀，几乎人人都喜欢　　B. 喜欢自己需要理由吗？

3. 好朋友约会迟到了，你可能会：

A. 心中埋怨并且出语伤人，因此你的好友不多。

B. 即便有点生气，你也会先询问对方原因。

4. 复习得好好的，却考得一团糟，你可能会：

A. 　沮丧不已，除非接下来的考试让你重拾信心。

B. 先难过三分钟，然后再想想生活中其他值得高兴的事。

5. 你认为考试失败是什么原因造成的：

A. 是自己的原因　　B. 有自己的原因，但已经尽了最大努力。

6. 有一个参加尖子班选拔考试的机会，成绩居中的你会：

A. 绝不放弃　　B. 算了吧，我肯定没戏

7. 如果让你回忆曾经的过失，你会：

A. 神色黯然，伤心往事一幕幕重现。

B. 早就淡忘了，以后尽量少犯错吧。

8. 考试时遇到一道选择题，前思后想都没得出答案，这时你会：

A. 犹豫不决，答卷被你涂来涂去。交卷前选择了抓阄。

B. 怀疑是不是答案给错了，仔细核对后，自信地向老师举手询问

数数你选了几个A？

0～3个：你很现实，从不苛求自己。你是快乐的，你为自己的每一点进步喜悦。

4～6个：你在一定程度上有完美主义倾向。所有的工作都尽力完成，力争达到完美的标准。

6个以上：你是典型的完美主义者。如果完美给你带来的痛苦大于快乐，那么请适当地调整自己对完美的追求，必要的时候你可以寻求专业人士的帮助。

第7章

人人都想证明自己

——职场晋升心理学

升职仅仅是为了加薪吗

| 心理学关键词：权力欲望　受尊重的需要 |

如果有人问你，你想升职吗？你肯定会反问："人往高处走，水往低处流。谁不想升职呢？"那你为什么会想升职呢？

毫无疑问，每一个人不管男人还是女人，也不管是中国人还是外国人，他都有升迁的愿望，都有当领导的愿望。

对于人们的这种"做官"愿望，心理学家认为，"对权力的追逐"一般是先天、后天因素共同作用的结果。

先天因素，也就是说，有些人先天性格外向，喜欢交流，给当领导提供了条件。还有些人身为家中长子，从小就负责管教、照看弟妹。长大后为维持"领导"的感觉，也就将兴趣转向了对职场权力的追逐。

后天因素是根据马斯洛的需求理论学说，人都有"受尊重"和"自我实现"的需求，而一部分人就把"当官"看做"受尊重"和"自我实现"的重要条件，自然也对权力有着极大的渴望。还有一部分人认为，一旦当上了领导，会掌握更多的资源，并有利于实现自己的人生目标。对他们来说，权力是一种非常重要的工具。

其实，除了这些先天的、后天的心理因素之外，还有一些外在的因素也在影响和推动着人们的升迁欲望。如目前飞速发展的生活水平和不断增加的物质需求，也使一些人对金钱的欲望更强烈，高权利往往与高报酬相连接，所以，这也刺激着人们的升迁愿望。而且，各种媒体如电视、书籍等广为传播着一些人们获得高社会地位的经历和方法技巧，也是对人们升迁愿望的潜在影响。

听说公司的
副总辞职了，
我想当副总。
①

你是为了受
尊重？
不是。
②

你是为了钱？
NO
③

你是为了
心理受用
吧？
不是！
④

那是为了什
么？
我可以吃到
很多鲜鱼。
⑤

晕！
⑥

你为何想成功却又怕成功

| 心理学关键词：约拿情结 |

约拿，是《圣经·旧约》里的一个人物。他本身是一个虔诚的犹太先知，并且一直渴望能够得到神的差遣。神终于给了他一个光荣的任务，去宣布赦免一座本来要被罪行毁灭的城市——尼尼微城。约拿却抗拒这个任务，他逃跑了，不断躲避着他信仰的神。神到处寻找他，唤醒他，惩戒他。最后，他几经反复和犹疑，终于悔改，完成了他的使命——宣布尼尼微城的人获得赦免。

神要约拿到尼尼微城去传话，这本是一种崇高的使命和很高的荣誉，也是约拿平素所向往的。但一旦理想成为现实，又感到一种畏惧，感到自己不行，想回避即将到来的成功，想推却突然降临的荣誉。

“约拿情结”指向自我和他人两个方面：对自己，“约拿情结”的特点是，逃避成长、执迷不悟、拒绝承担伟大的使命；对他人，“约拿情结”的特点是，如果别人表现出优秀之处，他会嫉妒，如果别人受到了祝福，他会心里难受，如果别人倒了霉，他会幸灾乐祸。

“约拿情结”是一种复杂的心理现象，我们大多数人内心都深藏着“约拿情结”。之所以如此，心理学家们分析，这是因为人们在小时候，由于本身条件的限制和不成熟，心中容易产生“我不行”、“我办不到”等消极的念头，如果周围环境没有提供足够的安全感和机会供自己成长的话，这些念头会一直伴随终生。尤其是当成功机会降临的时候，这种心理会表现得尤为明显。因为要抓住成功的机会，就意味着要努力付出，要面对许多无法预料的变化，并承担可能导致失败的风险。

“约拿情结”的存在可能有一定的合理性，但是，从自我实现的角度来看，这却是一种阻碍自我实现的心理障碍。人们都有成长的渴望、提高自我并且实现自我的冲动、发挥自己潜能的愿望，但在面临成功机会的时候，只有少数人敢于打破平衡，认识并克服自己的“约拿情结”，勇于承担责任和压力，最终抓住并获得了成功的机会。这也就是只有少数人取得成功，大多数人庸庸碌碌一辈子的重要原因之一。

瘦瘦，董事长
找你！
什么事？
①

可能会委
任你为副
总，但是
你别紧
张！
不紧张，
一定能成
功！
②

董事长
不喜欢
闻到汗
味，懂
吗？
放心
吧！
③

董事长，
你找我。
④

你流
汗了
？
没有！
没有！
⑤

那地上是
什么？
⑥

晋升与想象中一样美好吗

| 心理学关键词：彼得原理 |

王女士在某外企工作，她在各方面的表现都出类拔萃，一直深得领导赏识。后来，领导将她提拔为分公司总经理。这让王女士高兴不已，也让同事们羡慕不已。但王女士满意的情绪并没有持续多久。她开始担心工作完成得不够出色，领导不满意，又担心工作中一旦出错，下属会嘲笑。这些担忧使她的工作效率急剧下降，睡眠质量日益变差，注意力也无法集中，整天感到头晕、疲乏，精力大不如前，服用药物也无法减轻痛苦，王女士甚至想通过自杀来解脱痛苦，幸被家人及时发现，才避免了悲剧的发生。

升迁是可喜可贺之事，却为什么差点导致悲剧的发生呢？

英国华威大学经济和心理学专家对1000名升迁的人进行了调查，其结果显示，“升迁并不像很多人想得那么好”，因为升迁会增加10%的压力，去医院看病的时间却减少了20%，也就是说，“升迁的人的心理健康状况会恶化，而且会长期持续”。对此，心理专家进一步解释说，权力体系像一座金字塔，虽然越往上权力越大，但相应的责任也越重，需要顾虑的问题也越多，工作的难度也越大。所以，升迁后可能要舍弃更多的个人生活，获得更多的工作压力，这些压力有可能让人难以从工作中获得幸福和快乐。

这并不是说晋升不好，因为有些人从职工提升为组长依然称职、组长提升为主管也依然称职。“彼得原理”所提供的启示在于，企业或组织在提拔人才方面要有相关的机制，要进行考核与培训。如果直接将表现突出的职工提升上一位，就有可能将其推到不称职的级别，就会造成组织效率低下，导致平庸者出人头地，效率低下，发展停滞。而经过考核和培训的晋升，就会将合适的人员放在合适的位置上，这样于企业或组织发展有利，于个人也有利，他可以进一步实现自己的人生价值。

对个人而言，虽然人人都渴望晋升，但是，不一定人人都适合晋升。所以，不适合晋升的人就不要将不停的升职作为自己的唯一动力。与其在一个无法完全胜任的岗位上勉力支撑、无所适从，还不如找一个自己游刃有余的岗位好好发挥自己的专长。

我当副总经理了耶!
恭喜，恭喜。
①

好累!
②

你不是升职了么?
是啊! 呵呵。
③

那你怎么不高兴啊?
④

好累啊! 疲惫啊!
啊?
⑤

我想说：晋升不是想象的那么美好。
⑥

缘何会“薪”口难开

| 心理学关键词：合适的机会　加薪理由 |

薪水是反映工作能力和成就的最直观的标尺之一。薪水的意义除了满足生活必需、提高生活质量，更体现了自身价值和他人对自己的认同肯定。所以，无论职场中的享乐派还是工作狂，想要涨薪水总是难免的。

某人才招聘网站做的一项专题调查显示：38.62％的人认为如今就业市场竞争激烈，人才如过江之鲫，加薪无望；29.9％的人认为老板抠门，说了也白说；16.66％的人看到周围没人提，所以自己也不提；14.82％的人怕提了以后，老板会给自己“穿小鞋”。

心理专家认为，如果你的价值真的超过你一向所创造的价值，而且有办法把它算出来，那其实是提加薪的好时机。因为一些领导认为，换人费用太高，他们宁愿不惜代价留住值得留的人。因此，掌握一些向老板提加薪的技巧，你就会成功加薪的。

察言观色，挑选适合的时机——这个时机有情绪时机，即选择老板心情愉快的时候，因为心理专家研究表示，人在高兴的时候更愿意与人为善。此外，这个时机还包括企业的状况。如果错误选择了企业某项业务进展不顺的时候，很可能加薪不成，反倒会招来“炒鱿鱼”的严重后果。

给老板一个加薪的理由——提出加薪前，首先要对加薪理由做个评判，并根据自身情况做好充分准备。有必要的话，应该对日常积累的工作报告进行书面整理，以便更清晰地向老板展示工作成果和贡献。

在提出加薪前，要了解企业加薪的规律与制度——大多数企业的业绩评估考核，都在每年十一二月开始进行，并根据考核的结果在年终岁初进行职位、薪酬等各方面的调整。因此在评估结果出来之后，如果自己的业绩不错，发现有加薪的空间，可以乘机以能力和业绩为资本，向老板提出加薪，这样做成功的概率要大得多。

含蓄表达对企业的忠诚——你谈薪的目的是为了加薪而不是离职，而企业都倾向于用“熟练工”而不愿用“新手”，所以，适当表达对企业的忠诚，老板也有可能为这份忠诚而给你加薪的。

在谈加薪问题时，切忌与周围的同事攀比——因为在很多企业里，员工的薪资情况是相互保密的，刺探他人的收入情况本身就是一种忌讳；此外，这种攀比会让老板觉得你是出于嫉妒才提加薪的。

心理测试：你是让老板加薪的高手吗？

被繁重不堪的工作或学习压得喘不过气吗？如果有方法让你突然从现实消失一阵子，你会想躲到哪里？

A. 海边　　B. 乡间　　C. 高山　　D.太空

答案解析：

选A——你是个机灵、脑筋动得快的创意高手，在生活上或工作上，会无时无刻地自然表现出你快人快语、聪明机智的一面，所以想让老板为你加薪你就表现出你的聪明机智，让老板发现你的能力，这样要求加薪就不难了。

选B——你是个拼命三郎，其实平常老板一定也知道你是埋头苦干型的员工，只是由于你比较不会主动表现，加薪名单中可能会不小心遗漏了你，或是加薪幅度不大。建议你，勤奋要用在刀刃上，偶尔略施小计，多和老板聊聊，好处会更多喔！

选C——你拥有远大的志向，而且你认为每份工作都只是要完成你那个梦想的过程之一，所以对于薪水的多寡，你并不是很在意，不过，没有钱什么都做不成。建议你最好先把理想放心里，多和老板讨教，日后受重用时，好处可超乎你的想象喔！

选D——你的工作表现落差太大，有时会受到心情或是兴趣的影响，因此老板会觉得很难评断你工作能力的好坏，所以你最好多多培养你的第二专长，或是和同事们建立更密切的互动，让老板对你产生信赖感，如此才能促使公司加薪留住你。

女性加薪为何难上加难

| 心理学关键词：性别心理 |

女性由于特殊的生理条件，在职场中处于被歧视的地位。这种歧视不仅表现在求职、升职领域，薪资报酬方面也比男性要低。所以，要想让老板加薪就成了一件难上加难的事情。是什么原因造成了这种难上加难的状况呢？仅仅是性别歧视吗？

据有关心理专家分析，女性自身的心理特点对此也有一定的影响。

第一，女性的“历史形象”影响加薪成功率。通常，人们心目中的女性总是性格内敛、逆来顺受的，即使是很有能力的女人，在性格和作风上，也总是要比男人弱一点。所以，工作再出色的“女强人”，也会努力维持低调作风，使行为方式与她们自己理想中的女性形象相符合。

第二，女性的自我定位过低影响加薪成功率。虽然女权运动很早就开始了，但是，“男主外，女主内”的观念仍然存留在人们的思想中。这使女性自己觉得比丈夫差一些是理所应当的，甚至这样的家庭会更加稳定。因此，大多数的女性对加薪并没有十分强烈的要求，这也在一定程度上导致老板不喜欢给女性职员加薪。

第三，由心理素质决定的要求加薪的形式影响加薪成功率。男性偏理性，所以对加薪的要求会更直接更强烈，他们的直接能够得到理解和认同，因此加薪的要求也就容易实现。女性偏感性，在要求加薪时，往往采用暗示的方法，有时候老板并不能明白她们实际上是在要求加薪。此外，调查显示，20%的男性表示，如果加薪的要求不被满足，就会选择辞职，而只有4%的女性会选择这样做。

第四，缺失安全感的女性加薪成功率低。财产是使人有安全感的重要因素。一个安全感充足的人一般不会迫切地希望得到更多的金钱，对于女性来说，如果她家庭生活幸福、有足够的安全感，就不会总是担心自己的钱够不够用。

第五，女性过分自信不容易使人接受，从而影响加薪成功率。女性主动提出加薪的人往往是非常自信的，觉得自己的能力很强，薪水与自己的能力和贡献不成正比，并且认为自己能够要求到更高的薪水。女性主动去老板那里要求提高薪水，会使老板感觉她过于强势。所以，更加难以获得认同。

花猫大姐工作很认真。

工作认真怎么了，还不是工资低。
是啊！

这是为什么啊？
这是因为她是女的？

女的就低薪？
这是因为她们的历史形象造成的。

我的形象怎么了？
呜呜...你的形象太伟大了。

什么？晕！
伟大的只能拿最低的工资。

正视错误的人将得到错误以外的东西

｜心理学关键词：特里法则｜

人非圣贤，孰能无错。作为职场中的员工，假如你犯了错误，你会怎么办？大多数人在犯错误后，脑子里往往会出现想隐瞒的错误想法，害怕承认之后遭到领导的责骂，会很没有面子。

但是，美国田纳西银行前总经理特里却指出，承认错误是一个人最大的力量源泉，因为正视错误的人将得到错误以外的东西。后来，人们将它称之为“特里法则”。

新墨西哥州阿布库克市的布鲁士·哈威，错误地核准付给一位请病假的员工全薪。在他发现这项错误之后，就告诉这位员工并且解释说必须纠正这项错误，他要在下次薪水支票中减去多付的薪水金额。这位员工说这样做会给他带来严重的财务问题，因此请求分期扣回多领的薪水。但这样哈威必须先获得上级领导的核准。哈威知道这样会让老板大为不满，但他认为既然这一切混乱都是他的错误，那他就必须在老板面前承认。于是，哈威找到老板，说了详情并承认了错误。老板听后大发脾气，先是指责人事部门和会计部门的疏忽，后又责怪办公室的另外两个同事，这期间，哈威则反复解释说这是他的错误，不干别人的事。最后老板看着他说：“好吧，这是你的错误。现在把这个问题解决吧。”这项错误改正过来，没有给任何人带来麻烦。自那以后，老板就更加看重哈威了。

“特里法则”看上去很简单，但要真正做到并做好却很难，在运用时，要注意以下几个方面。

敢于承认错误、及时纠正错误、避免再犯错误、不要滥认错误、不要推诿错误，承担责任是应该的，但滥认错也是不应该的。如果认定在职场中要谦虚，就将无论是不是自己的错误都揽在自己身上，那会让真正的责任者逃脱惩罚，让自己有更多的机会替别人“背黑锅”，还会让大家感觉到你是个是非不分、没有原则的人，这样的人在职场上也不会有很好的前途。

你负责给大家发的工资发了吗？
发了。
①

对不起，我多发给小花猫500元钱。
什么！
②

都是你的错，给公司造成损失，你去要回来。
什么？要回来？
③

对，要回来。
这样会损害公司信誉，我错了，我来承担。
④

同时也损害了员工利益，所以我来承担。
嗯。
⑤

你能勇敢承担错误，说的也很有道理，下不为例。去吧！
⑥

情商比智商更有助于让你晋升

| 心理学关键词：情商 |

情商EQ，又称情绪智力，是心理学家们提出的与智商相对应的一个概念。美国心理学家认为，情商包括以下几个方面的内容：一是认识自身的情绪。因为只有认识自己，才能成为自己生活的主宰。二是能妥善管理自己的情绪，即能调控自己。三是自我激励，它能够使人走出生命中的低潮，重新出发。四是认知他人的情绪。这是与他人正常交往，实现顺利沟通的基础。五是人际关系的管理，即领导和管理能力。

以往人们认为，一个人能否在一生中取得成就，智力水平是第一重要的，即智商越高，取得成就的可能性就越大。但现在心理学家们普遍认为，情商水平的高低对一个人能否取得成功也有着重大的影响作用，有时其作用甚至要超过智力水平。

在职场中，情商的作用也往往高于智商。人们常说“三分做事七分做人”，“做事”其实就是“智商”，“做人”就是“情商”了。有调查显示，一个人的智商和一个人的情商对他的工作上的贡献度，情商至少是智商的两倍以上，而且越往高层走，越到公司上层领导的位置，情商的贡献常常更重要，比例是1：4到1：6之间，所以有这样一种说法——“智商决定被录用，情商决定被提升”。

这是因为情商水平高的人通常会尊重所有人的人权和人格尊严，不将自己的价值观强加于他人，对自己有清醒的认识，能承受压力，自信而不自满，人际关系良好，和朋友或同事能友好相处，善于处理生活中遇到的各方面的问题，认真对待每一件事情。因此，这些人社交能力强，外向而愉快，不易陷入恐惧或伤感，对事业较投入，为人正直，富于同情心，情感生活较丰富但不逾矩，无论是独处还是与许多人在一起时都能怡然自得。这类人自然比较容易得到晋升的机会。

心理测试：你的情商有多高？

每道题回答“同意”得1分，回答“不同意”不得分。然后将所得分累计加起来。

1. 与你的恋人或爱人发生争吵后，你能在他人面前掩饰住你的沮丧。

2. 当工作进行得不顺利时，你认为这是对未来的一个警告。

3. 你最好的朋友开口说话以前，你就能分辨出他（她）处于何种情绪状态。

4. 当你担忧某件事时，你在夜里几个小时难以入睡。

5. 你认为大多数人必须更加努力而不要轻易放弃。

6. 与你最好的朋友告诉你一些好消息相比，你更易受一部浪漫影片的感染。

7. 当你的情况不妙时，你认为到了你该改变的时候了。

8. 你经常想知道别人是怎样看待你的。

9. 你对自己几乎能使每个人高兴起来而感到自豪。

10. 你厌烦讨价还价，尽管你知道讨价还价能使你少花20元钱。

11. 你十分相信直率的说话，而且认为这样能使一切事情变得更为容易。

12. 尽管你知道自己是正确的，你也会转换话题，而不愿进行一场争论。

13. 你在工作中做出一个决定后，会担心它是否正确。

14. 你不会担心环境的改变。

15. 你似乎是这样一个人：对于周末去干什么，你总是能够提出很有趣的设想。

16. 假如你有一根魔棒的话，你将挥动它来改变你的外貌和个性。

17. 不管工作多么尽心尽力，你的老板似乎总是催促着你。

答案解析：

16分或16分以上——你的情商比较高。你对你的能力很是自信和放心，因此，当处于强烈情感边缘时，你不会被击垮。即使你在愤怒时，你也能进行有效的自我控制，保持彬彬有礼的君子风度。

7分到15分——你的情商一般。你能意识到自己和他人的情感，但有时忽视它们，不知道这对你的幸福是多么重要。

6分到6分以下——你的情商偏低。你必须多一点对别人的关心，少注重自己。

利用“登门槛效应”可达到加薪的目的

| 心理学关键词：登门槛效应 |

“登门槛效应”指一个人答应了别人一个较小的要求，当对方进一步提出更高的要求时，他为了避免给人留下前后不一的印象，即使心有不愿也会爽快地答应。

这个效应是1966年美国社会心理学家弗里德曼和弗雷瑟在做“无压力屈从——登门槛技术”的现场实验中提出的。实验者分别到两个居民区，劝说居民们在房前竖一块写有“小心驾驶”的大标语牌。他们来到第一个居民区后，直接向人们提出了这个要求，结果遭到了大多数居民的坚决拒绝，仅仅只有17％的居民接受了他们的要求。

随后，实验者又来到第二个居民区，召集所有的居民，请他们在一份赞成安全行驶的请愿书上签字，这个要求很容易办到，几乎所有的居民都照办了。几周后，实验者再次来到这个小区，向他们提出竖立标语牌的要求，结果竟有55%的居民同意了他们的要求。

国外的很多研究都进一步证明了“登门槛效应”的存在。此外，在职场中，如果你善于利用“登门槛效应”还可达到加薪的目的。

小章从一所三流大学毕业后，进了一家小得不能再小的公司，工资当然也比较低。工作一段时间后，发现公司虽小，但业务量很大，不仅每天加班加点，还有很大的工作压力。小章就想到了“加薪”。虽然心里很慌，可她还是跟老板提了出来。老板以各种借口进行搪塞。加薪要求虽没达到目的，但是，小章在一次活动中，引荐了她大学里教她营销课程的老师与老板见面，并提供了合理化建议，使得业务成功开展，于是老总便答应，在该月发工资的时候，以奖金的形式一次性给小章500元。这次的经验让小章感觉到加薪不一定非要在基本工资上下工夫。此后，她常常依靠自己的创意，时不时得显示一些成果。有了这些成果，她就有时向老板要求一些培训机会，有时要求休几天假，鉴于老板对她已经有了第一次“薪酬”奖励，以后她的这些要求也便没有遭到拒绝。小章从心里明白，如果她向老板要求加薪，老板也就面临着其他同事要求加薪的威胁，所以，肯定不会轻易答应。现在，她虽然没有要求加薪，但实际上她的工资已经远远高于其他同事了。

经理，我要
加薪。
①

现在公司太小，
等以后再加。
②

我也要加
薪。
③

现在公司太小，
等以后再加。
④

经理，我这个月做
了两个很好的创意
，可否加薪啊？
⑤

加薪……加薪就不
了，奖励你1000块
钱怎么样？
耶——
⑥

职场其实没有秘密 ——趣味职场心理学 第8章

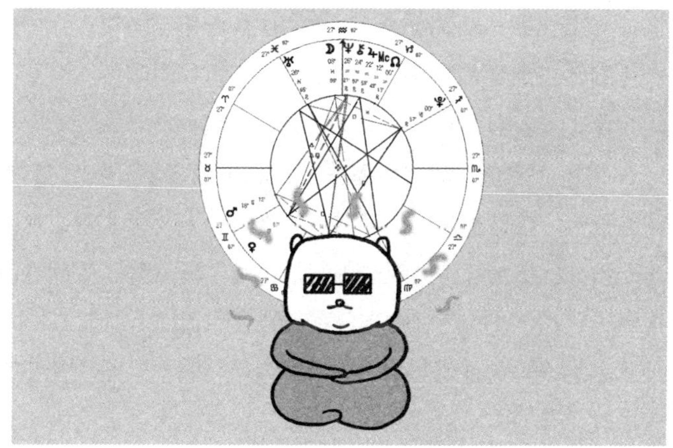

职业与着装色彩的搭配

| 心理学关键词：色彩心理 |

色彩是通过眼、脑和我们的生活经验所产生的一种对光的视觉效应。

据调查，人们对不同的色彩表现出不同的好恶，这种心理反应，常常是因人们生活经验、利害关系以及由色彩引起的联想造成的，此外也和人的年龄、性格、素养、民族、习惯分不开。

心理学专家把色彩心理学的研究应用到服饰上，发现确实能达到某些实用性的效果。服饰的色彩是抽象的语言，它能在你尚未开口讲话前，就传递一些特定的讯息给对方，让对方产生相关的联想，甚至引起某些细微的反应。

黑色——象征着权威、高雅、低调与创意；也意味着执著、冷漠、防御。黑色为大多数主管或白领专业人士所喜爱。

灰色——象征诚恳、沉稳、考究。灰色在权威中带着精确，特别受金融业人士喜爱；当你需要表现智能、成功、权威、诚恳、认真、沉稳等场合时，可穿着灰色衣服现身。

白色——象征纯洁、神圣、善良、信任与开放；但身上白色面积太大，会给人疏离、梦幻的感觉。当你需要赢得做事干净利落的信任感时可穿白色上衣，像基本款的白衬衫就是粉领族的必备服装。

深蓝色——象征权威、保守、中规中矩与务实。穿着海军蓝时，配色的技巧如果没有控制好，会给人呆板、没创意、缺乏趣味的印象。海军蓝适合强调一板一眼具执行力的专业人士。

褐色、棕色、咖啡色系——典雅中蕴涵着安定、沉静、平和、亲切等意象，给人情绪稳定、容易相处的心理感觉。当需要表现出友善亲切时可以穿棕褐、咖啡色系的服饰，例如：参加部门会议或午餐汇报时、募款时、做问卷调查时。如果你不想招摇或引人注目，褐色、棕色、咖啡色系是很好的选择。

红色——象征着热情、性感、权威与自信，是个能量充沛的色彩。不过有时候会给人血腥、暴力、忌妒和控制的印象，容易给人造成心理压力，因此与人谈判或协商时不适合穿红色；预期有火爆场面时，也要避免穿红色。当你想要在大型场合中展现自信与权威的时候，可以穿红色衣服。

对面穿红裙子的猫好漂亮。
①

红色象征着热情、性感、权威与自信。
②

穿白裙子的猫也很漂亮。
③

白色象征纯洁、神圣、善良、信任与开放。
④

黄帽子也不错。
黄色象征着信心、聪明、希望。
⑤

是吗？那我明天戴个绿帽子。
晕。
⑥

你可以识破职场谎言

| 心理学关键词：压力心理 |

“谎言”是人类天生就会用的一种手段、一种“处事方法”。日常生活中，邻居表面上称赞你家装修非常典雅大方，实际上她可能根本看不上眼。还有的商店大喊全店打折，但实际上仅有少数几件商品降价……谎言非常普遍。研究谎言的科学家说，大多数人每天都撒一两个谎，而且极少被抓住，因为这些假话通常都微不足道。

心理学专家认为，之所以在职场中的电子邮件、电话里有很多的职场谎言，可能是因为压力导致的。说谎者可能有难言之隐，或是做错了事情，或是想超越他人，但大部分都是为了给人一个好印象。越是竞争激烈的地方，越容易滋生谎言。

但是，人们面对面交谈时说谎的可能性较小，同时亲近的同事之间谎言也较少。所以，如果要了解事情真相，可以约对方面谈，而不要通过发电子邮件来交流。因为说谎者最害怕当面说谎，他们担心自己谎言会被识破。的确，以下行为会很容易泄漏人们的谎言。

◆ 不提及自身姓名

人在说谎时，会自然地感到不舒服，因此本能地把自己从谎言中剔除出去。

◆ 说谎者从不忘记

问他昨晚从离开办公室到睡觉做了什么，一般人在叙述时，难免犯几个错误，比如说，“我回家，然后看电视，哦，不是，我先给我妈打了个电话，然后才开始看电视的。”但是说谎的人是不会犯这种错误的，因为已经把假定的情景都想好了。

◆ 声量和声调会不自觉地提高

说谎的人会不自觉地提高声量和声调，这往往是为了掩饰虚弱的内心。

◆ 撒谎的人老爱触摸自己

人在撒谎时会有摆弄手指、下意识地抚摸身体某一部位等细微的动作。

◆ 表情时间极短

一个正常的表情来得快，但消失得慢，一般会停留几秒钟，但是在“伪装的脸”上，真实的情感只会停留极短的时间。

你怎么迟到了？
我车坏了。
①

你说谎。
真的车坏了。
②

说谎的人鼻子会变长。
哇，我的鼻子怎么像大家的鼻子。
③

说谎还会让你的脸不对称。
④

我不敢说谎了，我承认错啦。
⑤

哦，幸亏是一个梦。哇，几点了，我迟到了。
⑥

办公桌会显示职场人的个性特点

| 心理学关键词：性格心理 |

在职场中，你是否有过这样的经历：办公桌上的东西、文件太凌乱，以至于你花费了半个小时的时间去寻找一份只看五分钟的文件？这种事其实屡见不鲜。

办公桌是否杂乱，一方面反映了桌子主人的生活习惯和个性，另一方面也可能反映了桌子主人的职业形象。看看你的办公桌是什么样的？与你的职场个性是否相同呢？

◆ 办公桌洋溢着个性色彩

如照片、可以代表自己品位的摆设、或者是自己的作品。这样的办公桌往往就是桌子主人个性的延伸，是其个性得以展现的道具。这种人很在乎与人和睦相处，他们深受大家的喜爱并且表现出是个热忱的理想主义者。他们不会在意获得了多少实际收益，但是会很在乎自己多大程度上受到了青睐，为此，他们总是表现得充满热情和活力。

◆ 办公桌整齐干净

拥有这样办公桌的主人大多给人一种重视秩序、脚踏实地、值得信赖的感觉。他们做事的时候常常比较稳妥，比较有毅力，并且显得有条不紊。但是，这种人对自己要求严格，必然也会对他人提出脚踏实地的要求，所以，有时会给人留下斤斤计较的印象。

◆ 办公桌杂乱无章

这种办公桌看上去让人毫无头绪，好像桌子的主人非常忙乱，对于自己的事物疲于应付。其实这种人可能是很灵活和开放的，有时还会显得很善于口头表达及策划一些短期的项目，特别是对于处理危机事件，他们可能会显得很有一套。

◆ 办公桌虽杂乱却有序

这类办公桌看上去虽然东西很多，但是牵扯到工作方面的文件却不可思议地摆放整齐。各种文档分门别类，排列非常合理而且具有逻辑性。这类办公桌的主人热衷于追求优秀，他们常能敏锐地看到自己或别人的缺点，并急于指出改正。他们欣赏有能力的人，但又会挑战权威并且总是在迎接更高的挑战。

员工们，我来视察了。
欢迎董事长来视察。

我来看看大家的办公桌。这么凌乱的桌子，“此君肯定毫无目的”。

这个桌子有很多私人物品，这是个有点情绪化的好员工。

这个桌子干净整齐，这是个脚踏实地的好员工。

我的桌上除了一只老鼠，什么也没有。看董事长怎么说？

这里怎么有一只猫，赶快赶走。
啊，原形暴露了。

名片中的性格、心理秘密

| 心理学关键词：性格心理 |

名片，是当今社会中人们社交活动的重要工具。名片益处多多，看似一张小小的纸片，其实包含着丰富的内容。从一张名片上，你还可以看出名片持有人的性格，从名片持有人相互来递送名片的过程，还可以看出他当时的心理状态。

◆ 名片风格体现出的性格特征

名片上用粗大字体印着名字——这种名片的持有人其职业多半是政治家、社会运动者、医生、自由职业者。他们大多表现欲望强烈，总是不时地强调自己，凸显自己，以吸引他人的目光。这种人的功利心一般都是很强烈的，但在为人处世等方面却懂得把握分寸，同时待人态度温和。

名片的质地、形状和色泽比较怪异——这类名片的持有人大多属于爱卖弄自我、独来独往、我行我素的人。他们大多能言善辩，但很少真正对人发生兴趣。他们大部分好恶分明，比较任性，喜欢就是喜欢，不喜欢也会明白表示出来。因此，这种类型的人容易遭人诽谤，缺少协调性，且依赖感很强。

名片用轻柔质感的材质制成——这种名片的持有人多为具有很强审美观念的女性，她们大多性情温和，说话文雅而浪漫，不轻易与人发生争执。在条件允许的情况下，会尽力原谅对方。她们比较富有同情心，会经常帮助和照顾他人。但这一类型的人不算太坚强，意志薄弱，而且很容易招来别人的不满和批评。

名片上加显示光滑效果的护膜——这种名片的持有人大部分具有神经质、虚荣心强的倾向，从外表上看起来，他们大多显得热情、真诚和豪爽，与人相交十分亲切和善，但这可能只是他们交往中惯用的一种敷衍手段。

名片上附加有家庭地址和电话号码——这种名片的持有人大多有较强的责任感，他们希望别人能以最快最经济的方式找到自己，解决问题。

名片上没有任何头衔——这种名片的持有人大都个性较强，他们讨厌一切虚伪、不切合实际的东西。他们并不十分看重自己的身份和地位，也很少考虑他人对自己的想法，他们只喜欢按照自己的意愿去做任何一件事情，而不是被他人支配和调遣（他们也很少对别人发号施令）。他们具有超乎一般人的想象力和创造力，所以会有所创新和突破。

◆递送名片过程中的性格、心理

自己比对方先拿出名片的人，通常是为了向对方表示诚意。当对方将名片拿出来时，用双手接过来，是表示慎重、尊敬、温厚；接过对方名片，自己不递名片且没有任何反应，则表示蛮横、无礼与拒绝。

当对方把名片递过来时，有人说："很对不起，我的名片正好用完了。"经常以"名片用完了"之类的话表示歉意的人，对生活和事业缺乏长远计划，为人轻率。他的这种行为会使得对方产生不悦，从而对他产生戒备心理。

在交换名片时，有人会在名片上附记时间、地点，这种人是属于头脑灵活、兴趣广泛、能出主意的类型。他们往往细心、认真，能广交朋友。

同时持有两张名片的人，一般都有深谋远虑的谋略。他们多有创新精神，往往会有超出常规的壮举。而且除了从事本职工作之外，一般都兼有第二份职业，不但兴趣广泛且神通广大。

名片递送、接受、存放中的社交礼仪

名片的递送。在社交场合，名片是自我介绍的简便方式。交换名片的顺序一般是："先客后主，先低后高"。当与多人交换名片时，应依照职位高低的顺序，或是由近及远，依次进行，切勿跳跃式地进行，以免使对方为有厚此薄彼之感。递送时应将名片正面面向对方，双手奉上。眼睛应注视对方，面带微笑，并大方地说："这是我的名片，请多多关照。"名片的递送应在介绍之后，在尚未弄清对方身份时不应急于递送名片，更不要把名片视同传单随便散发。

名片的接受。接受名片时应起身，面带微笑注视对方。接过名片时应说："谢谢"，随后有一个微笑阅读名片的过程，阅读时可将对方的姓名职衔念出声来，并抬头看看对方的脸，使对方产生一种受重视的满足感。然后，回敬一张本人的名片，如身上未带名片，应向对方表示歉意。在对方离去之前，或话题尚未结束，不必急于将对方的名片收藏起来。

名片的存放。接过别人的名片切不可随意摆弄或扔在桌子上，也不要随便地塞在口袋里或丢在包里，应放在西服左胸的内衣袋或名片夹里，以示尊重。

“吃相”有可能暴露你的工作态度

| 心理学关键词：性格心理 |

小李在一家外企工作，由于工作业绩突出，上周刚被提升为市场部主管。但他在这个位置上没有坐几天，就被直接提升自己的人事总监“炒”出了公司。大家都很奇怪，最近没有发现小李犯什么明显的错误啊！为了解除大家的疑惑，人事总监在员工会议上说出了他“炒”人的理由：“原本以为他是一位稳重成熟的管理人员，但当我看到他办公桌上摊开的几袋吃了一半的零食时，我立刻开始考虑适合这个岗位的其他人选了。第一，零食不应该带进办公室；第二，一个爱在办公室吃零食的男人给我的印象是办事犹豫拖拉，立场不坚定，这样的人不适合在一个代表公司形象的部门工作。当然，如果这件事出现在产品设计部或是创意部，我会假装没看见，过后提醒一下就够了，但在市场部，这样的细节绝对不能原谅。”

西方的许多心理分析家大都认同这样一个观点：一个职员在“吃”上的行为举止，甚至他的口味爱好，都暗示着这个人的性格，以及对待工作的态度。

就就餐而言，无论是狼吞虎咽，还是细嚼慢品，表面上看仅仅是就餐习惯不同而已，实际上它与我们的性格有很大的关系。

餐具齐全，举止优雅——这样的人绝对属于容易管理的下属，自觉、自律性都很强。

狼吞虎咽，手嘴并用——这样的人追求效率，但往往脾气火爆，阴晴不定。

风卷残云，津津有味——这样的人是绝对的管理型人才，不但能吃出效率，还不会因为吃得太快而错过美味。

中规中矩，细嚼慢咽——这样的人做事有条理，工作一丝不苟，按部就班，是优秀的“管家型”人才。

口味奇特，胡乱搭配——这样的人富于创造性，思维活跃，是公司里的“怪才”。

未吃之前，先在碗里加入自己喜欢的调料——这样的人往往很容易在没弄清楚事情的本质之前就急于下结论，甚至去改变事物本身。

你会英语吗？
yes
①

你会电脑吗？
yes
②

你去把这个方案做出来。
yes，sir
③

你做的方案太好了，不错，不错。你被录用了。
哇，有老鼠。
④

你还是另谋高就吧。
小老鼠，吃了你。
⑤

因为你的吃相反映你是个急躁的人，我不用急躁的人。
为什么？
⑥

着装风格背后的个性心理

| 心理学关键词：性格心理 |

人们穿衣打扮的目的是遮羞、御寒，或者美化自身、象征身份等。但是，令你想不到的是，当人们为了更美丽一些而穿上自己精挑细选的衣服时，那些为她们增添光彩魅力的衣服，也悄悄地将她们的内心世界出卖给了一些有心人。也就是说，通过对他人穿衣打扮的细心品味，我们可以初步了解他的个性、心理。

◆ 穿着过于朴素

这类人不是不爱穿华美的衣服，而是他们不敢穿。这种人大多缺乏主体性格，有着强烈的自卑心理。但又不愿输于自卑心理，所以，遇到刺激时会表现得极具自尊，与别人争执不休，以保住自己可怜的面子。如果同事中有这类人，遇事千万不要和他们大吵特吵，否则即使你能吵赢，也会给人留下不好的印象。最好的处理方式是以退为进，即大大方方承认他的观点，这样反而会让他感到你的宽容大度，自己退下阵去。

◆ 衣着既不张扬，又不过分低调

穿着比较中庸的人，处事也比较中庸。在大家都在跟风某种品牌的时候，他们也不会置之不理，但他们的身上永远不会流露出流行的信息。因为他们的性情决定了他们不会做出什么出格的事，即使是穿一件新潮的衣服。这类人理性大于感性，从不过分顺从欲望。他们比较可靠，值得结交。

◆ 喜欢非常华丽的衣着

这种人在大庭广众之下犹如鹤立鸡群，爱出风头，自我显示欲望很强。这种人无论在什么场合都不会放过出风头的机会。另外，这种人对于金钱和权利的欲望也特别强烈。和这样的同事相处，只要多用称赞去满足他们的显示欲望，多半能够和谐相处。

在职场中，你已经习惯了某同事穿衣打扮的风格，可是有一天他突然改变了服装的嗜好，这就暗示着他可能在逃避现实。心理学家指出，一个人突然改变自己的服装嗜好，往往意味着其内心受到了某种刺激，使他的想法产生了巨大的变化，当这种影响达到一定程度时，就会不自觉地表现在穿衣打扮上。这种人多见于失恋的年轻人。对此，如果你对他提出质疑，他就会对你充满了戒备心，最好的办法就是见怪不怪，只是赞美他穿什么都很不错，这样他就会向你敞开心怀了。

咦，花猫今天烫了卷发耶。
①

我猜她可能恋爱了。
②

咦，她还穿了裙子，好漂亮哦。
是啊，她肯定恋爱了。
③

你怎么知道？
一个人突然改变了自己的着装风格和发型，肯定是有不寻常的事发生。
④

切，我才不信，我明天穿件破麻袋。
⑤

那你肯定就是疯了。
……
⑥

走姿显现出的男性内心世界

| 心理学关键词：性格心理 |

职场男性的走姿很重要。无论是在日常生活中还是在社交场合，走姿往往是最引人注目的身体语言，也最能表现一个人的风度和活力。不仅如此，从“走姿”中还可以看出一个人的内心世界。

◆ 步伐急促的男人

这类职场男性是典型的行动主义者，大多精力充沛、精明能干，敢于面对现实生活中的各种挑战，适应能力特别强，凡事都讲求效率，从不拖泥带水。

◆ 步伐平缓的男人

这类职场男性走路时总是一副慢腾腾的样子，看上去别人无论说得如何急他都不在乎似的，这是典型的现实主义派。他们凡事讲求稳重，“三思而后行”，绝不好高骛远。如果他们在事业上得到提拔和重视的话，也往往是务实的精神给自己创造的条件。

◆ 走路时身体前倾的职场男性

这类人的性格大多较温柔和内向，见到漂亮女性时多半会脸红，但他们为人谦虚，一般都有良好的自身修养。

◆ 走路时步伐齐整，双手有规则摆动的职场男性

这种人一般意志力较强，对自己的信念非常专注，他们选定的目标一般不会因外在的环境和事物的变化而受影响。如果这类人能充分发挥自己的长处，一定收效颇丰，因为他们对事业的执著是其他类型的人不可比拟的。但如果你的上司是这种人的话，日子可就不好受了，很多时候你会“吃不了兜着走”，因为他们一般都比较“独裁”，而且有时候甚至会不惜牺牲任何东西去达到他个人的理想和目标。

◆ 踱着方步的职场男性

这种人非常稳重，他们认为在面对任何困难时，最重要的是保持头脑清醒。他们不希望让任何带有感情色彩的东西左右自己的判断力和分析力。这种人有时也觉得累，因为他们为了保持自己的尊严，很少能在下属面前笑口常开。

心理测试：你会察言观色吗？

下面的测试可以考查人的观察能力，你想知道自己察言观色的能力有多强么？

你和你的男（女）朋友一起坐地铁，你对面坐着4个人，座椅的上方有一台地铁电视。电视的一侧是地铁门，你在干什么？

A：目光盯着地铁电视的广告节目，别的什么都不看。如果你的男（女）朋友不提醒你，你甚至会坐过站。

B：眼睛盯着地铁门，停车后会观察下车的人。

C：用别人不易觉察的目光观察坐在对面的人，并在内心对他们做出判断。

D：虽然不会一直听报站，但是对站点心里有数。同时对身边的人略加观察，虽然不是刻意的，但是你在看到别人时能很快判断出对方的大致职业。

答案解析：

选A——说明你绝对不关心周围人的内心思想。你甚至连分析自己的时间都没有，更不会去分析别人，因此，你是一个自我中心倾向很严重的人。这可能会成为你社会交往、职场开拓的不小障碍。

选B——说明你对别人隐藏在外貌、行为方式背后的东西漠不关心，但你在与人交往中不会产生多少严重的心理障碍。

选C——说明你有相当敏锐的观察能力。但是，对别人的评价有时会带有偏见。

选D——说明你是一个很有观察力的人。同时，你也能分析自己和自己的行为，你能够极其准确地评价别人。

影响女性创业的心理绊脚石

| 心理学关键词：性别中的深层心理 |

如今，虽然创业风潮一浪高过一浪，但是，成功的女商人或女企业家在我国并不多见，成大器者更是寥寥无几。这究竟是为什么呢？心理学家认为，女性在创业上容易失败，是基于其内心潜伏着的以下几种心理障碍。

◆ 性别带来的优越感

心理学研究表明，男性与女性对事业成就的需求并不相同，驱动男性追求事业成就的心理关键是“竞争”，而女性的动机是“社会的接纳”。一些女士，尤其是漂亮的女士，从性别角度上认为自己天生已有被社会接纳的资本，无须再费力去“竞争”。

◆ 事业成功，爱情失败

社会上有这样一种现象，学历越高的女性找对象越难，成功的女性后面往往不能站立一个坚强的男人。因此许多女人相信：事业上的成就可能会受到社会排斥，而且会失去夫妻间的爱，这种心理使她们在事业和家庭的选择中，倾向于选择做贤妻良母。加之传统的“男主外，女主内”的观念和生理因素使女性对创业产生了依赖、自卑心理。

◆ 同性的嫉妒心理

不可否认，女人的嫉妒心比男人强，尤其是在爱情上和对待同行时“竞争意识”十足，可惜这种竞争会浪费大量精力。一些女性自身的不足在于病态般的嫉妒，她们不善于协调自身的有利因素，盲目地同那些本不应与之竞争的对象去竞争，导致最后失去大局。

◆ 延续心理太强

很多女士总是喜欢将注意力放在对原有的思维结果的理解和模仿上，思维的目的只是为了延续已有的东西，这是女性在模仿领域易出成绩的主要原因，同样也成为她们不善于从事创造性工作的最大心理障碍。

因此，女性要取得创业的成功，一定要注意这些心理上的绊脚石，并加以克服。

我想创业。
哦，姐姐，你真的要创业吗？
①

当然。
那你为什么要创业？
②

我要做女强者！
好耶，我大力支持。
③

不过，我害怕。
啊～～～
④

你害怕什么哦？
我～～～
⑤

我害怕失恋，害怕别人嫉妒，害怕失败，我还害怕···
晕
⑥

职业压力的梦境体现（一）

| 心理学关键词：梦的深层心理 |

职业压力，是当职业要求迫使人们做出偏离常态机能的改变时所引起的压力。职业压力在个体身上造成的后果可能是生理的，也可能是心理的。

心理上的职业压力除了表现在职场人士的日常情绪中，也体现在他们的梦境中，一个人的职业压力究竟有多重。如果最近做梦有点多，或者总是重复地困于一个梦境中，那么你的心理健康可能已经出了问题。

◆ 梦回考场

在职场上已经工作数年的白领，明明已经远离中学、大学课堂，却常常梦见回到学校，重新坐在考场上考试，而且梦中屡次出现交白卷。这是职场白领压力过重者最常出现的梦境。

梦回考场隐喻的是职场上面临着进一步的跨越。竞争重压下的白领，最关心的是个人的提升与发展，屡次梦到考试，就是这种压力在梦境里的转化。这表明，你有可能正在或即将面临一次职业生涯的变动，却对此不敢确信，或者信心不足。

大多数人都有过在课堂上迟到，或者回答不出老师的问题等类似的经历，因此在面临职业生涯的“考试”压力时，他们的梦境也不自然地回到了学生时代。

做这种梦的人，大多属于责任心强的人，他们对事业有所追求，自我要求高，期待往更高层次冲刺，但实际情况却不像自己所期望的那样完美。

◆ 梦到跋山涉水

梦到自己在旅途中遇见一座大山或者一条大河，这暗示着事业上遭遇到阻力。职场顺利的人遭遇这种梦境，最终结果是爬上山顶，登高望远，前方是开阔美景；事业不顺畅、工作不稳定、困难重重的人，梦中的情形就会总是在爬山，直到身心疲惫还是不能达到山顶，这正是工作中的压力过强导致的。几乎20%～30%的职场白领都不约而同地提到自己有过爬楼梯、高山的梦境。因此，如果有跋山涉水一类的噩梦困扰时，就应当提醒自己，找出压力的来源，及时疏解。

当你做过这些梦，并感觉自己的职业压力很大时，你可以通过以下小偏方进行及时的疏解。

借助言语和想象放松——通过想象，训练思维进行遨游，如想象“蓝天白云下，我坐在平坦绿茵的草地上”，“我舒适地泡在浴缸里，听着优美的轻音乐”，这种精神小憩，会让你在短时间内放松，恢复精力。

支解法——把生活中的压力罗列出来，一旦写出来，你可能就会发现，这些所谓的压力完全可以“个个击破”。

心理测试：测测你的工作压力到底有多大？

如果你收到了一封公司寄来的信，没有署名是哪个部门，只标注了内详的字样，你会认为是：

A.今天好像不是我的生日，是公司又要举办什么活动了吗？马上打开看看到底又有什么新鲜的东西。

B.信里面没有什么概念，只是觉得挺奇怪的，为什么不通过电子邮件或者同事的口头传达呢？先拆开看看再说吧。

C.觉得有点反常，先用手估计一下里面的页数、再对着光线充足的地方“透视”一下，然后打个电话跟同事好友沟通和询问一下再拆。

D.有些担心，会不会是辞退信之类的信函啊，如果真的是这样，那我该怎么办啊？这样的念头一直存在，直到拆开信读到真正的内容。

答案解析：

选A——说明你对于工作比较满意，对自己的能力和地位很有信心，平时几乎没有什么工作上的压力。

选B——表示工作上虽然没有感到什么特别的压力，但也没有十分的信心，比较平常。

选C——表明工作其实已经给了你一定程度上的压力，有时会让你感到紧张，某些时候会有自己不是十分胜任的感觉。

选D——可能反映出工作不仅带给你很多的压力，而且有时可能会成为自己精神上的负担。

职业压力的梦境体现（二）

| 心理学关键词：梦的深层心理 |

对于任何一个在职场上的人来说，都存在职场压力，只是轻重不同。一个人所从事的职业和职业的性质决定了职业压力的大小，一般来说从事媒体，人事管理，企业高层领导人员的职场压力都较高。而从事餐饮，娱乐服务等行业的职场压力较轻。当然，职场压力因人而异，某些时候和心理的承受能力有关。除了正常的反应外，很多时候，也反映在梦中。

◆ 梦到凶杀抢劫

压力愈大，梦境也就愈夸张。凶杀、抢劫，或者一些神鬼异象出现在梦中时，职场白领就要提高警惕了，这意味着你的压力已经到临界边缘了。

多数私营企业家承受的压力更甚于小白领，因此他们的梦境就十分离奇古怪。一位女企业家梦里经常看到已经去世的邻居老太，面目狰狞，当她想呼救时，却发现自己困在封闭的玻璃屋里，发不出丝毫的声音。心理专家为她分析梦境时，发现当时她正接了一笔很大的业务，但是和下属沟通时出了些问题，设计人员并没有按客户的要求设计产品，因此生意合约解除，任她百般解释也没有用。事业的压力就转化为梦境中的无效呼救了。

◆ 梦回故乡

有些职场白领经常会在梦里回到故乡，反复看到舒适的过去，如童年、校园生活，看到亲切的人，如母亲等。离家越远，做这类梦的概率越高。之所以会梦回故乡，是因为自身的职业压力过大，有了很沉重的疲惫感，于是内心向往过去。梦见母亲，则是内心渴望得到母亲的保护。此外，如果频繁梦见家人好友处境不佳，其实反映的正是本人处于紧张的人际关系或紧张的工作环境之中。

当你梦到以上情景时，不妨用一下一些方法来缓解。

以阅读化解压力——在书的世界遨游时，一切忧愁悲伤就会付诸脑后。因为读书可以使一个人在潜移默化中逐渐变得心胸开阔，气量豁达，不惧压力。

拥抱大树——在澳大利亚的一些公园里，每天早晨都会看到不少人拥抱大树。这是他们用来减轻心理压力的一种方法。据说，拥抱大树可以释放体内的快乐激素，令人精神爽朗。而与之对立的肾上腺素，即压抑激素就消失了。

运动消气——法国出现了一种新兴的行业：运动消气中心。中心均有专业教练指导，教人们如何大喊大叫、扭毛巾、打枕头、捶沙发等，做一种运动量颇大的“减压消气操”。在这些运动中心，上下左右皆铺满了海绵，任人摸爬滚打，排解内心的压力。

嗅嗅香油——在欧洲和日本，流行一种芳香疗法。很多女性都为这些由芳草或其他植物提炼出的香油所陶醉，这是因为香油能通过嗅觉神经，刺激或平伏人类大脑边缘系统的神经细胞，对舒缓神经紧张很有效果。

穿上可心的旧衣服——压力太大时，穿上一条平时心爱的旧裤子，再套一件宽松衫，心理压力就会在不知不觉中减轻。这是因为穿了很久的衣服会使人回忆起某一特定时空的感受，并深深地沉浸在缅怀过去如梦般的生活眷恋中，人的情绪也为之高涨起来。

与宠物“共舞”——一项心理学试验显示，当精神紧张的人在观赏自养的金鱼或热带鱼在鱼缸中姿势优雅地翩翩起舞时，往往会无意识地进入“宠辱皆忘”的境界，心中的压力也大为减轻。

想哭就哭——医学心理学家认为，哭能缓解压力。心理学家曾给一些成年人测验血压，然后按正常血压和高血压编成二组，分别询问他们是否哭泣过，结果87%的血压正常的人都说他们偶尔有过哭泣，而那些高血压患者却大多数回答说“从不流泪”。由此看来，让人类情感抒发出来要比深深埋在心里有益得多。

微动作中隐藏的奥秘

| 心理学关键词：身体语言定律 |

肢体语言，又称身体语言，是指经由身体的各种动作，从而代替语言达到表情达意的沟通目的。从广义上看，肢体语言还包括人的面部表情在内；从狭义上看，肢体语言则只包括身体与四肢所表达的含义。

肢体语言之所以在人际交往中非常重要，是因为心理学家认为，肢体语言极难压抑和掩盖。当一个人的大脑在进行某种思维活动时，大脑会支配身体的各个部位发出各种细微的信号，这是人们不能控制而且也是难以意识到的。例如，做了亏心事或偷了东西的人总显得心神不定、六神无主或鬼头鬼脑；听到好消息时，脸上总要露出笑容；听到批评时脸色总会显得很不自然；说谎时总怕看着对话者的眼睛；激动时总要手舞足蹈；发怒时总要青筋暴起，或双拳紧握、咬牙切齿。这些事实不难证实肢体语言的可靠性。因此，若想分辨人心的真伪，应首先注意观察他的肢体信号。

胳膊交叉——该动作暗示反对、不认可。这种手势表示对方根本没在听你说，或者对你的观点持怀疑态度。对业务员来说，这就意味着“此路不通”，此时最好调整策略或另做打算。

碰碰鼻子——该动作通常和欺骗相关。如果你说话时，对方摩擦自己的鼻子，你可以断定他没有诚意。

皱眉撅嘴——当人心理或身体上的私人空间受到侵犯时，会出现不适感，由此产生这样反感的表情。如果客户出现该动作，要么拉开与对方的身体距离，要么岔开当下的话题。

手托下巴——表示当事人正在做决定，此时最好不要滔滔不绝地与其交谈，这会惹对方厌烦。

抓脖挠背——或许当事人身上有点痒，但更有可能是他还有疑问和顾虑。

脚尖冲门——脚是人身上最诚实的部位，这一动作暗示了离开的迹象。无论对方表面看起来多么热心或专注，实际上他已经拿定主意要从谈话中抽身了。

双手相碰——这个动作特点在于时间很短，这是为了引起你的注意，想和你建立进一步的关系。这时，别用居高临下的姿态打消对方的热情，最好趁热打铁。

小花猫，我爱你。
呵呵，什么！

你在骗我。
你怎么知道？

你碰着自己的鼻子，说明你在撒谎。

难受了吧！谎言被拆穿了吧！

你难道是我肚子里的蛔虫？

蛔虫倒不是，不过我可是心理学家。